四国歩き遍路

気づきと感謝の旅

武田喜治
Takeda Nobuharu

大法輪閣

四国歩き遍路

——気づきと感謝の旅

目次

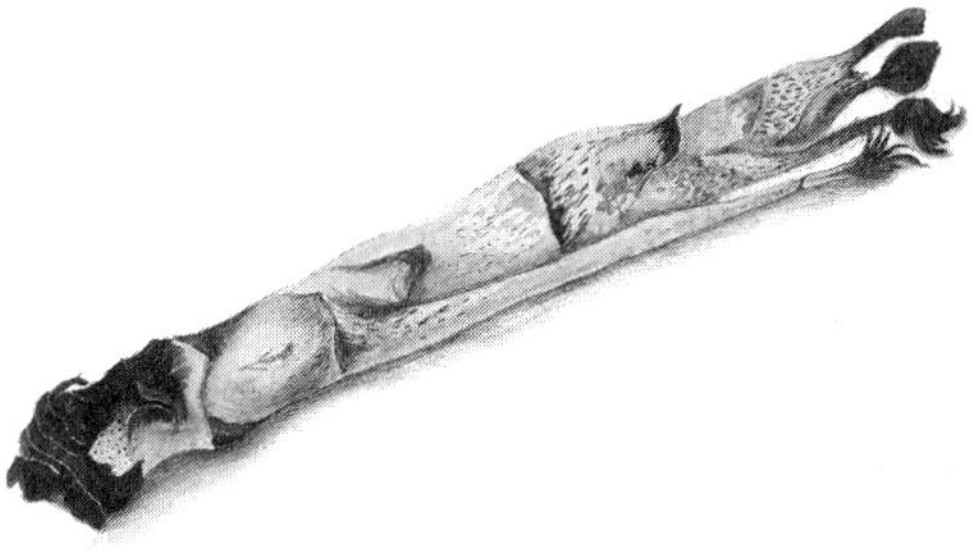

カット／武田千佐子
装　丁／山本太郎

まえがき

お遍路との出会いは、平成三年高松に転勤した際、「人間空海を語る」というNHK文化講演会であった。もう二十四年も昔のことである。お大師さんの生き方や考え方に共感するところが多くお遍路に関心を持つようになった。休日などを利用してマイカーで札所巡りを三回行ったが、有意義で想像以上に得るものがあり手ごたえを感じた。その後、定年退職して自由な時間が得られたので、長年の念願であった「歩き遍路」に出かけることになった。訪れた季節は毎年、春と秋で、阿波、土佐というように、いわゆる「一国参り」を行った。四国を一周するのに二年を要したが、平成二十六年秋に讃岐を巡ったことにより、四巡目の「歩き遍路」を達成した。

「歩き遍路」の旅は、出会いの旅、気づきの旅といわれるように、四国の雄大な自然、四国の人々、そして自分自身との出会いがある。雄大な自然の中を一人で歩いているとどうしても自分と向きあうことが多くなり、その結果普段の日常生活では気づかない多くのことに気づかされる。また各地で心温まるお接待をいただいて、元気とパワーを一杯にいただいた。

お遍路の旅は、お大師さんの生き方を学んで実際の生活に活かすことである。それはこだわりのない、おおらかな生き方、現在を大切にする生き方、行動・実践を重視する生き方、感謝の心、利他の心の大切さなどを遍路を通じて学び、それらを実際に日常生活の中で活かしていくことである。お遍路の魅力はいくら本を読んでも説明を聞いても分からない。自ら実践してつかみ取る、感じ取るものである。同様に「人生とは何か」ということをいくら考えても答えは出てこない。実際に人生を送ってはじめて人生が何かが結果的に分かるものである。要するに、何事も実践してみないと分からない。この世には実践してみてはじめて分かることがたくさんある。そのこともお遍路を通じて学んだことである。

本書は月刊「大法輪」に連載した随筆を元にして必要に応じて加筆修正したもので、多かれ少なかれ前著『遍路で学ぶ生きる知恵』の後編という性格を有している。随筆だから全体としての整合性や一貫性はなく思いついたことをつれづれなるままに書きしるしたものである。今回作成にあたって留意したことの一つは、単なる札所巡りのガイドブックではなく、お遍路を通じて学んだこと、気づいたこと、見聞したことなどを随所に盛り込んだことである。また平易な言葉で分かりやすく書くことに努めたほか、読みやすいように、写真やカットを随所に挿入することにした。

お大師さんや四国遍路が我々をひきつけて離さないのは四国の豊かな自然とそこに住む人々の温かい人情に加えて、現実に生きる我々に対していわば「生きる知恵」やヒントを授けてくれるからであり、それだからこそ、全国から多くの人々が四国を訪れているのだと思う。お遍路の魅力は尽きないので、これからも健康が許す限り、続けたいと思う。

平成二十七年三月一日

武田　喜治

第一章　阿波（徳島県）

（1）百薬に優《まさ》る遍路

阿波には第一番霊山寺《りょうぜんじ》から第二十三番薬王寺《やくおうじ》までの二十三ヶ寺があり、その距離は百五十三キロに達し、讃岐《さぬき》（百六十六キロ）とほぼ同じ距離に相当する。

霊山寺の山門を入ると正面に本堂、右手に大師堂。本堂には本尊、大師堂には大師像がそれぞれ安置されている。霊山寺は、お大師さんがこの寺で「二十一日間の修法」をしているときに霊感を感じて本尊の釈迦如来像を刻んだと伝えられる。四国の東北の地を一番札所と定めたのは「東南西北右回り」という仏教の考え方に基づいており、阿波のこの地がそれにかなっていたからである。本堂の右手には納経所があり、遍路用品や地図が売られている。納経とはもともとは写経を納めることを言い、納経所は納める場所のことを言った。現在は本堂と大師堂でお経を納めた証として朱印をいただく。その奥手に一冊のノートが備え付けられている。歩き遍路者の名簿である。この名簿は一九八九年から作成されており、最初の年は百三十七人だったが、一九九四年には五百人、二〇〇二年には四千人を越えた。最近の状況はともかく、なぜ歩き遍路なのか。「いまの時代、自分の存在を見つめ直したいと思うことが多い。それも単にじっと考えるのではなく、体を動かす中で何かを感じたいと思うのではないか」と説明されている。

お遍路に先だって大師堂で十善戒《じゅうぜんかい》を受けるのが習わしとなっている。この十善戒はお遍路に際して守るべき掟《おきて》のようなもので「身体的活動」「言語的活動」そして「心意的活動」の三つに分類され全体では十項目からなっている。要約すれば、悪いことをしない、嘘や悪口をいわない、そして欲や怒りなどの悪い考えを抱かないことである。「持戒」とは戒を守ること。しかし、我々は「盗まない」というように自分の意思でできるものがある一方で、守ることができないものもある。たとえば、「不殺生《ふせっしょう》」といっても、我々は肉や野菜などの生き物を食べなければ生きていけない。かつて倉田百三が、「この世においてもっとも調和がとれていないことは人間が生きものを食べない限り生きていけないことだ」と述べているように。このように「十善戒」だからといってすべてを守ることは、現実的には不可能に近い。だからあまり厳密に考えることなく、お遍路の心構えとして少しずつできるところからはじめていけばよいのではないかと思う。

境内ではお遍路さんの一団が一心に般若心経《はんにゃしんぎょう》を唱えている。そのお遍路さんの白衣には「南《な》無《む》大師遍照金剛《だいしへんじょうこんごう》」と書かれている。「南無大師遍照金剛」とはそもそも大日如来の宝号であるが、お大師さんが留学中の唐で贈られた称号でもある。南無とは「帰依します」「お任せします」ということだから、いってみれば「お大師さんにお任せします。おすがりします」という意味なのであろう。

山門には、一対の大きな仁王像が境内を守護するかのように立っている。その表情をみると、筋骨隆々たる胸、大きく見開いたギョロ目など憤怒の形相《ぎょうそう》で訪れる人をにらみつけ、あたかもこれから境内に入ろうとする者を大きく広げた手で押し返えそうとしているかのようだ。そして左右の仁王像の姿をよく観察すると、単に正面を向いて立っているのではなく、お互いにやや斜めに立っており、その「交点」がこれから境内に入ろうとする参拝客にぴたりと合うように設計されていることがわかる。

お大師さんを慕って札所を訪れているのに、仁王像がどうしてこんなに不機嫌なのかと不思議でならなかった。しかし、仁王像がにらみつけているのは、参拝者ではなく、参拝者の心の中にある「煩悩《ぼんのう》」だったのである。仁王像は、これからまさに境内に入ろうとする人々の煩悩を打ち砕き、清らかな心にしてからでないと境内に入れないといわんばかりに、神聖な境内を守っているのである。我が国では古来から百八の煩悩があるとされ、大晦日《おおみそか》に「除夜の鐘」を百八回突くのは、それらの煩悩を滅するためともいわれている。この人間の心に備わっている煩悩が、のびのびとおおらかに無心に生きることの妨げになっているという基本的な考え方が、仏教思想の根底に横たわっているように思われる。

四国八十八ヶ所の配置は、四国全体に巧みに配置されている。「発心《ほっしん》の道場」として阿波に二十三ヶ寺、「修行《しゅぎょう》の道場」として土佐に十六ヶ寺、「菩提《ぼだい》の道場」として伊予に二十六ヶ寺、そして「涅槃《ねはん》の道場」として讃岐に二十三ヶ寺、合計八十八ヶ寺からなっている。四国八十八ヶ所の説として人間には八十八の煩悩があり、一つのお寺にお参りすることによって一つの煩悩が消えていくという説がもっとも説得力があるように思う。なお煩悩の数に関しては「現在の煩悩の数は百八といわれているが、お釈迦さんの時代は八十八だった。人間が生臭くなって煩悩の数が増えた。お大師さんはお釈迦さんの時代を踏まえている」とある住職さんは説明する。

いずれにしても、ここから始まる遠大な四国遍路の第一歩を踏み出す霊山寺だけに、その思いには格別のものが感じられる。

霊山寺から二番極楽寺《ごくらくじ》へと向かう。距離はわずか一・二キロで二十分足らずで到着する。難行苦行を予想していたあるお遍路さんは、「遍路って簡単じゃないか。極楽、極楽」といったとかいわなかったとか。極楽寺を開基したのは行基《ぎょうき》菩薩。その後お大師さんが「二十一日間の修法」を行い、結願《けちがん》の時に阿弥陀如来が現れたのでその像を刻んで本尊とし、二番札所と定めたと伝えられる。境内にはきれいな庭園が広がり、奥の四十四段の階段を上ったところに本堂と大師堂が並んで建っている。階段を下りてくると「長命杉」。千二百年の風雪に耐えてきた杉の巨木で、参拝者があやかろうと手で撫でるためにすべすべしている。

極楽寺にお参りしたとき、境内に「法話《ほうわ》」が掲げられていた。法話とは「仏法を説き聞かせる話、説教」のことで、お寺として参拝者に対して説き聞かせたいことが述べられている。含蓄《がんちく》のある法話に接することができるのは、札所めぐりの大きな魅力でもある。極楽寺の法話は「般若心経についての解説」であった。般若心経の冒頭部分は次のような書き出しで始まっている。「観自《かんじ》在菩薩《ざいぼさ》。行深般若波羅蜜多時《ぎょうじんはんにゃはらみったじ》。照見五蘊皆空《しょうけんごうんかいくう》。度一切苦厄《どいっさいくやく》」。漢字の羅列ばかりなので違和感を覚えるが、その意味は概ね次のとおりとなる。つまり、観自在菩薩（観音様）は般若波羅蜜多（深い智慧）を行深（実践）された時、五蘊（人間の精神と肉体）は皆空（すべて確固、不変なものではない。一瞬たりとも同じ状況に留まっていない）だと照見（見抜いて）されて一切の苦厄を度（克服）された。だからみなさんも観音様と同じようにそうしなさい」。これからさらに延々と解説は続いていたが、すべてを書き写すことはできなかった。しかし、般若心経はいつどこの札所でも唱えられており、最低限の理解は必要だと思われるので、これからもしばしば考えてみたい。般若心経ほど四国遍路と密接なかかわりを持つものはないからである。

　般若心経は「現実に生きる人間」に対していかに生きるかその知恵や心の持ち方を説いたもの、つまり、心経である。仮に前半と後半に分ければ、前半には「空《くう》の思想」、後半には「真言《しんごん》」が書かれている。「空」とは「実体がない」「絶えず変化していてとどまるところがない」という意味である。「一切は『空』だからこだわるな」ということが繰り返し強調されている。後半の真言では「是大神呪《ぜだいじんしゅ》」（これはすばらしい真言）というように、呪文、つまり「まじない」が書かれていて、それを唱えると「能除一切苦《のうじょいっさいく》」（一切の苦を消滅させてくれる）で、「真実不虚《しんじつふこ》」（本当で、まちがいない）とされている。古来から病気や災害の不安や恐怖に襲われてきた人間にとって、真言を唱えれば不安がなくなるということほど、心強く、ありがたいことはなかった。

三番金泉寺《こんせんじ》へは二・五キロ。遍路道には季節柄たくさんの花が咲いている。ユキヤナギ、モモ、スイセン、矢車草、ムスカリ、菜の花、チューリップ、モクレン、大根花、エンドウ、ソラマメ。そして蝶も舞っていて、みんな待ちわびていた春の到来を喜んでいるかのようであった。板野町の川端《かわばた》地区に差し掛かったときに「お遍路さん、お接待《せったい》です」といって、冷蔵庫の中から「スダチの缶ジュース」と「エスカップ」をBさん宅でいただいた。四国に伝わるお接待という風習のことは聞いてはいたものの、歩き遍路としてははじめての経験だったのでどう対応すればいいのかと戸惑った。本来は「南無大師遍照金剛《なむだいしへんじょうこんごう》」と唱えるそうであるが、納《おさ》め札《ふだ》を渡してお礼をいうのが精一杯であった。

やがて小さな遍路道に差し掛かる。昔からの細い遍路道を歩いて行くと、お寺の裏の弁財天に通じていた。金泉寺はその後お大師さんがこの地を訪れ、境内に霊水が湧き出ていることから金泉寺と改め、第三番札所と定めたと伝えられている。大師堂の横にある「黄金井《こがねい》」がそれで、この井戸に自分の姿が映れば長生きすると言い伝えられている。試してみたら自分の姿が映っていたのでほっとした。納経所に向かうときに「弁慶の力石」がある。案内板には「源義経は平家追討の命を受け屋島に向かう途中、金泉寺に立ち寄り戦勝開運を祈願。その時、家来の弁慶が自らの力量を披露するためにこの巨石を持ち上げた」とあった。

本堂の裏手にはこの寺で亡くなった長慶天皇の墓がある。長慶天皇は十四世紀の南北朝時代のいわゆる南朝の天皇で、後村上天皇の第一皇子として吉野で生まれた。しかし、晩年の経緯が分からなくて天皇の系譜からずっとはずされていたが、大正十一年(一九二二)に天皇と認められた。

明治二十四年(一八九一)には男四十二歳、女四十五歳だった日本人の平均寿命は、戦後六十九年が過ぎた平成二十六年(二〇一四)では、男性八十歳、女性八十六歳となり、男性がはじめて八十歳を越えた。国際的な比較では女性は二年連続世界一。男性は五位から四位に上昇した。その平均寿命から「病気で伏せている期間」を差し引くことによって「健康寿命」という数字が求められ、いくつまで仕事や趣味などの日常生活を健康上の制約なしに元気に過ごせるかの日安になる。

平成二十三年(二〇一一)のデータによると、男性の健康寿命は七十歳、女性は七十三歳。日本人の平均寿命と健康寿命との差は、男性では十年、女性では十三年。これがいわば「不健康期間」で、これを如何に短くするかが大きな課題である。何といっても健康に恵まれ自分の足で行きたいところへ行き、食べたいものを食べられるのでなければ何にもならない。「いかに長く生きたかではなく、いかに良く生きたかが問題である」からである。充実した日々を送るためにも必要なことはまず健康。「長寿より無病を祈る遍路かな」というお遍路さんの俳句が、そのことを如実に物語っているように思われる。

大日寺への遍路道

金泉寺の納経所では「次の四番大日寺《だいにちじ》までは五キロ、歩いて一時間半」とのことで遍路地図をいただいた。菜の花畑を見ながら落ち葉に埋もれた遍路道を歩くことは足に優しく、こんなにさわやかで、すがすがしいものかと実感した。大日寺まで「これより十七丁」という標識が目についた。一丁は一〇九メートルだから約二キロ。明治十二年（一八七九）に建てられているのでざっと百三十年前の石標である。ウグイスの鳴き声、小川のせせらぎが聞こえ、心地よい風が吹き抜ける。やがて愛染院に到着。金泉寺の「奥の院」（本堂から離れた後方の山上や岩窟内などに設けられ秘仏等が安置されている建物）のようだ。金泉寺と大日寺を結ぶ遍路道の中間にあり、「腰から下の病に霊験あらたか」とされる。

大日寺は、お大師さんが修行をしていると大日如来を感得したのでこれを刻んで本尊とし、堂塔を建立して安置したと伝えられる。この大日寺は人里はなれた閑静なたたずまいの谷間にあり、小鳥の鳴き声と小川のせせらぎの音が聞こえて山寺の風情がたっぷり。お気に入りの札所のひとつである。訪れたとき境内の桜は満開に近く、スイセンが可憐な花を咲かせてお遍路さんの目を楽しませていた。

本堂にお参りしたあと、大師堂へ行く回廊には小さな千手観音菩薩が三十三体も安置されていて、見応え十分であった。大日寺では「欲張ってはいけない」という教えを代々の教えとしているそうで、現代に生きる人々を導くお寺のあり方を秘めているお寺である。かつては札所では唯一木版で朱印を押していたが、最近なくなったそうだ。時代の流れであろうか。

人間にとって「如何に生きるか」というテーマは避けて通れない。たとえ、人によって多かれ少なかれ程度の差はあったとしても。古代ギリシャ・ローマの昔からどのように生きるかは、人間にとって最大の関心事であった。「実に多くの偉人たちがいかに生きるべきかを知ることを生涯の目的として取り組んできたが、まだまだわからないと告白しながらこの世を去って行った」といわれるほど奥深いテーマである。

人間の行動、つまり行《おこな》っていることにはすべて目的がある。「他に目的がある」という意味において「他目的的《たもくてきてき》」である。そうだとすれば、自分が「生きている」という目的は何なのかと自問自答してみても、その答えは一向に、そしておそらく永遠に出てこない。答えが出ないことを知りながらも、なぜか人間は考えるものである。

しかし、遍路道に咲く野の花は誰のためにとか、人からきれいだと見られたいから咲いているのではない。花は無心に咲いている。それは何の見返りを求めることもなく、大自然の力に任せきって、ただ無心に咲いているだけである。このように自然の恵みによって生命を育て美しい花を咲かせると、やがて燃え尽きて種を落とし、自らは枯れていく。そこには自然の生命の姿が示されている。我々人間もそのように自然に考えればよいにもかかわらず、他の動植物とは違って、あたかも「特別な存在」であるかのように錯覚し、生きる目的を探し求めている。こうしたことを「知恵があるが故の愚かさ」というそうだ。結局のところ、人間は生きるために生きている。つまり「自目的的《じもくてきてき》」に、「生きているということのために生きている」のである。決して目的があって生きているのではない。

そうだとすれば、生きる目的を求めて永遠に答えの出ないものに頭を悩ますよりは、「生きている」という現実に着目して、その日を充実して有意義に過ごすことにエネルギーを注いだ方がずっと現実的で実践的な生き方であるように思う。

五番地蔵寺《じぞうじ》へは二キロ。地蔵寺は地元の人から「羅漢《らかん》さん」と親しまれている。奥の院として五百羅漢堂があるからである。安永四年（一七七五）に創建された五百羅漢堂は、大正四年（一九一五）の火災でその大部分を焼失、現在の羅漢堂と五百羅漢は大正十一年（一九二二）に再建されている。コの字型に建てられた五百羅漢堂は、左手の入口に弥勒菩薩を安置した弥勒堂、中央は釈迦如来を祀った釈迦堂、右手の出口が弘法大師を祀る大師堂となっている。羅漢とはお釈迦さんの弟子で仏道修行をして人間として最高の位を得た人のことをいうそうだ。その羅漢さんを五百人集めたのが五百羅漢。しかし、地蔵寺の場合、実際の数は二百七十だとか。喜怒哀楽のさまざまな表情をしている羅漢さんの中には、亡くなった近親者の姿が必ず現れると言い伝えられている。この五百羅漢堂にお参りしてから本堂裏手のだらだら坂を下っていく時、左手に俳句の句碑が目にとまった。「百薬に優る遍路に出《いで》にけり」とあった。この俳句ほど自分の気持ちにピッタリするものはなかった。我々は体調がすぐれない時はすぐに医者にかかり、薬をもらう。平成二十三年度（二〇一一）の医療費は三十八兆円（うち入院代十五兆円、薬代七兆円弱）で、九年連続で過去最高を記録したそうだ。

しかし、遍路に行って毎日三十キロ近くを歩いていると、全身運動になり、夕方遍路宿に着くころにはくたくたになって疲労も極限状態に達している。風呂に入って汗と疲れを落とせば実に爽快な気分になる。夕食はお代りを三杯いただくこともある。「歩く」ことがよほど体の新陳代謝を促すのであろう。体内に滞る悪い要素を体外にはきだし、新鮮な要素を取り入れる。人間が生まれながらに持っている自然治癒力が回復する。そしてそれは単に肉体的なことばかりではなく、精神的な面にも通じる。雄大な自然の中を専ら一人で歩いていると小さいことが気にならなくなる。イライラやクヨクヨが消えていく。歩き疲れている時に、思いがけなく冷たい飲み物のお接待をいただくと心身が蘇ったような気分になる。地元の小学生や中学生から「お遍路さん、こんにちは」「お遍路さん、お気をつけて」とあいさつを受けると元気を一杯にもらう。

「お四国病院」とは四国八十八ヶ所を歩いて巡拝すると心身ともにリフレッシュし、出発前よりも健康状態がよくなって帰ってくる状態を表現する言葉だという。「歩く」ということがいかに人間に本来備わっている元気を回復するのに役立つかを示しているかのようだ。お遍路ほど心身の健康にとってすばらしいものはない。そうした思いでいた時に接した句碑だけに「百薬に優る遍路」に納得し、共感を覚えた。

（2）「現在」を大切に生きる

六番安楽寺《あんらくじ》へは五・三キロ。地蔵寺を打ち終えて上板町《かみいた》に入ってすぐ左手に小さな善根宿《ぜんごんやど》（お

遍路さんを無料または格安な料金で宿泊させる宿）がある。お遍路さんが残した納め札が壁一面にぎっしりと貼られている。「眉間にしわを寄せているお遍路さんはおらんのよ。みなええ顔しとる。お遍路さんを大事にしよったら我が身にかえってくるというしな」とMさんはいう。四国遍路はお大師さんとともに歩く「同行二人《どうぎょうににん》」の旅。だからお遍路さんへのお接待はお大師さんに施しをすることであり、それがやがて功徳になって自分にかえってくるという信仰があるのであろう。

やがて神宅《かんやけ》地区に差しかかったとき、前方からこちらに向かってくるお遍路さんに出会った。お互いに「こんにちは」と挨拶を交わす。そのお遍路さんは広島県出身の五十代に見える男性のお遍路さんであった。顔は日に焼けていい顔をしていて足取りもしっかりと地をけっていた。てっきり霊山寺へのお礼参りだと思って「すべてを打ち終えてお礼参りに霊山寺に向かっているところですか」と尋ねた。するとこのお遍路さんがいうには「八十八番大窪寺《おおくぼじ》を打ち終えて、十番切幡寺《きりはたじ》から一番霊山寺に戻っているところ。これまで頭で分かっていてもなかなか身体がついていかないところがあった。しかし、今回八十八ヶ所をすべて歩いて回ったら大分身体がついていくようになった。だから広島の自宅に帰ることなく、連続してもう一度一番霊山寺から回ることにした」のだという。

このお遍路さんは四国遍路の何に魅かれたのであろうか。頭の中であれこれ考えていても何かと言い訳をいって行動に移さない。こだわりがあって、なかなかありのままに生きることができない現実の我々の姿。しかし、このお遍路さんはあれこれのことを頭で考える習慣を見直し、身体で感じとることを大切にしたいと思ったのかもしれない。いずれにしても四国遍路を連続して巡るとはよほどの魅力を感じたからにほかならず、感心しながら後ろ姿を見送った。

神宅地区を過ぎて昔からの遍路道を通っていくと、やがて安楽寺の山門にでる。遍路道のあちこちに小さな遍路墓があった。江戸時代後期の弘化年間のものも。やっと念願の四国に来てこれからお遍路をという時に倒れてしまったとすれば、さぞかし無念だったにちがいない。

安楽寺はその昔、この地方で温泉が湧き、諸病に効果があったのでお大師さんが滞在して薬師如来を刻み、堂宇を建設して安置、安楽寺と名付け、六番札所と定めたと伝えられる。「温泉山」という山号にふさわしく、大浴場にはラジューム温泉、薬草温泉などがあり、疲れたお遍路さんには何よりの宿泊所である。実際にも、霊山寺を出発したお遍路の旅は、初日の宿泊地としてこの安楽寺を選ぶお遍路さんが多いようだ。

楽しさとリラックスを仏教的には「安楽」といい、極めて安楽な状態を極楽（「ごくら」と読む）というそうだ。お釈迦さんが「苦」からの解放の先に求めたのは、この「楽」であった。「苦」

の反対は「幸せ」ではなく、「楽」である。「幸せ」はお金にしても、長寿にしても求めるうちにキリがない欲望になってしまう場合が多い。現状に決して満足しないで、目標は常に上方修正され、「幸せ」を感じる余裕もヒマない。しかし「楽」というのはキリがなくもない。人間は常に心の安らぎを求めている。「安楽」とは「心身に苦痛がなく、安らかで楽なこと」をいう。

あれがほしい、これがほしいと求める心が旺盛であれば、それが得られるまでは心の満足は得られない。しかし、ほしい、ほしいと思っていたものが手に入ると、そのときは一時的な喜びで心が満たされるが、次にはさらに大きな欲望が沸き起こる。物質的な満足は一時的なものである。つまり欲望にはキリがない。際限がない。人間の欲望は上昇するばかりで下降することを知らない。人間は満足することを知らない。そのままにしておいたら欲望に振り回される人生になりかねない。だからどこかで「歯止め」をかけなければならない。

我々人間は努力すれば多くの問題が解決できると思い込んでいるが、現実には必ずしもそうではない。人間の努力や意思で解決できることは解決に向けて努力すればいい。しかし、自分の努力や意思でどうにもならないことは、どうにもならないこととして事実をありのままに受け入れてくよくよすることなく「あきらめる」ことが重要である。「あきらめる」はどちらかといえばマイナスイメージで使われることが多いが、断念することではなく「明らかに見極める」ことである。ものごとの本質を見極めれば、小さいことやつまらないことに固執しなくなる。そういう広い意味での「あきらめ力」を磨くことも幸せな人生につながっていくように思う。

安楽寺から七番十楽寺《じゅうらくじ》に向かう。距離は一キロ。ひばりが囀《さえず》りながら空高く舞い上がり春の到来を喜んでいるかのようであった。十楽寺は安楽寺から熊野神社を経由して、遍路道の右側山手にある。中国風の山門をくぐり、階段を登っていくと、正面に本堂。左手の石段を登ったところに大師堂。右手には宿坊を兼ねた本坊・納経所がある。ここの境内の桜も実に見事であった。

十楽寺はお大師さんが阿弥陀如来像を刻み、これを本尊として開創。人間の持つ八つの苦難を離れて極楽浄土に往生する者が受ける十の光明に輝く十の楽しみが得られるようにと山号を「光明山」と名づけ、七番札所と定めたと伝えられる。ご詠歌に「人間の八苦を早く離れれば至らん先は九品十楽」とある。我々人間はいわゆる生老病死などの八苦を背負って生きているが、これを離れると極楽浄土で十種の楽が得られるという趣旨の歌である。

「四苦《しく》」とは「生老病死《しょうろうびょうし》」のこと。人間の一生は、生まれて老いてやがて病気になって死ぬ運命にあるとされる。文明がいかに進歩しようと時代がいかに変わろうとも、これは人間共通の運命的な条件である。人間である限りいつかは死ぬのであって、そういう意味において「死亡率」

は百パーセントである。さらに「愛別離苦《あいべつりく》」（愛する者ともやがては別れる時が巡ってくる）などの「四苦」を併せて「四苦八苦《しくはっく》」になる。

「四苦八苦」などと仏教は「苦《く》」を強調するがゆえに「ペシミズムの宗教」と誤解されがちであるが、「苦」とは「痛い」とか「苦痛」という意味ではなく、「自分の思うようにならないこと」という意味で用いられている。たとえば「生老病死」をとってみても自分の意思や努力ではいかんともしがたく、抵抗のしようもない。どんなに優れた科学や技術をもってしても、「生老病死」を根本から操《あやつ》ることはできない。人間は自分の思うとおりに生きることができない。そうしたことを「苦」と表現しているのである。しかし、「生老病死」が「四苦」だといわれても、なぜ「生」が「苦」なのかと疑問に思う。たしかに、生きているのが自分であることは間違いないとしても、自分の意思や努力によって生まれる時代や場所を選んで生まれてきたわけではない。気がついてみると、この昭和・平成の時代にこの国に生きているという事実があるにすぎない。このように「苦」は「自分の思うようにならないこと」と理解するときにはじめて「生」、つまり生まれることが「苦」であることを理解できるように思う。

中国の古典に「天下、意のごとくならざるもの常に十に七、八ある。」として、この世の中には自分の思い通りにならないことが七、八割もあると述べている。しかし、「人間にとって何でも思い通りになることはあまり良いことではない」との考えもある。人間が傲慢になるし、努力もしなくなる。自分を向上させたいという気持も失われる。思うようにならないからこそ、人生の醍醐味があるのかもしれない。

作家の五木寛之は「三つの否定できない真理」として次の三つのことをあげている。①人は自分の生まれ方を決めることができない。どんな時代にどこの国の誰の家族に生まれるか自分では決定できない。②人間の一生は日々死に向かって進んで行く旅である。③人生には期限があるということ。そういわれてみればたしかに否定できない真理である。

「苦」の原因は執着《しゅうちゃく》にある。執着とはとらわれの心。あれもしたい、これもしたいと際限がない。でも世の中は思うようにならない。「我々は毎日の生活に追われて損だとか得だとか、好きだあるいは嫌いだ、勝った、負けたなどという執着心に心を奪われて、せっかく清らかな心を持っていても気づかない。お遍路の旅はこうした執着心を一つ一つ捨てて行く『行《ぎょう》』だと思う」とあるお遍路さんはいう。「生きようと思っても生きられず、死のうと思っても死ねない」のが現実の姿。自分の意思や努力でできることは最大限の努力をすることは当然だとしても、自分の意思や努力を超えることがらについては「祈る」よりほかない。

十楽寺から八番熊谷寺《くまだにじ》までは四・二キロで、一時間半。歩き遍路の場合、休憩は一時間歩いたら十分、あるいは三十分歩いたら五分程度の休憩を取るのが一般的なようであるが、あまりそんなことにはこだわらずに、景色のよいところ、座る場所があるところなどで適宜休憩した。でも頭の中で考えているだけでは次の札所には到着できない。何よりも実践すること、歩くことが求められる。歩きはじめると、小さな公園に三木武夫元総理の銅像が立っていた。碑文に「明治四十年（一九〇七）ここに生まれる。二十二歳で南カリフォルニア大学、明治大学を卒業、昭和十二年（一九三七）衆院選に立候補、全国最年少で当選、昭和四十九年（一九七四）に内閣総理大臣に。昭和六十三年（一九八八）没」とあった。この付近が出身地のようだ。秋の朝「ここは自分の縄張りです」といわんばかりにモズが鳴いていた。

熊谷寺の本尊は千手観音菩薩。観音菩薩の特徴の一つは、十一面観音、千手観音というように、「面」と「手」が多いことである。人間の苦難と願いを観た観音様が直ちにその救済に当たることができるようにするという意味が込められているのであろうか。桜が満開の境内の階段を上っていくと、正面に本堂、その左手の石段を上った高台に大師堂がある。高台だけに見晴らしがすばらしい。

秋に訪れた時、彼岸花が山門や大師堂の近くに咲いていた。田んぼの畦などに真っ赤な花を咲かせるのが彼岸花。別名を曼殊沙華《まんじゅしゃげ》といい、地域によっては毒花とか地獄花と呼ばれている。この花にはどうしても死の心象というか、一種の不気味さがつきまとうのはどうしてだろうか。四国では彼岸花は例年九月十一日に開花し、彼岸の中日ごろに最盛期を迎え、九月末にはその命を終える。通常は十本ほどで群落を作って自生しており、高さは三十センチ前後で色は赤色。よく観察すると一つの花に八つのおしべがあり、さらに一本のおしべから七本のヒゲがはえている。彼岸花は種子を作らず球根だけで増えるので、人里離れた土地では見られない。田んぼの畔などにみられる彼岸花は、人間が飢饉などの食料不足に備えて「救荒植物」としてわざわざ植えたものだという。彼岸花が咲くころになると四国では田んぼの稲も黄金色に色づき、やがてモズが鳴きはじめて秋が一層深まって行く。彼岸花はいまや秋の風物詩として情趣を添える花である。

熊谷寺の山門は貞享四年（一六八七）の建立で、和様と唐様の折衷した建築様式。高さは十三メートルで四国最大の山門。江戸時代の山門としては四国随一の規模を誇り、「徳島県有形文化財建造物」に指定されている。この山門の一対の仁王さんは、この山門がよほど気に入っていたらしく、次のようなほほえましい言い伝えがある。

「山門の左右に立っている仁王像は、その昔、その理由ははっきりしないものの隣村のお寺に移すことになり、大勢の村人達が一日がかりで運び、無事にお祀りした。村人達はほっとして夕方に家に帰った。しかし夜が明けると、仁王像は熊谷寺の山門に戻ってきて素知らぬふりをして山門の中に納まっている。驚いた村人達は大慌てしながら、また一日がかりで隣村のお寺へと運び、今度は大丈夫だと思っていた。ところがあくる日の朝、村人達が山門に行ってみるとまたまた夜の間に仁王像は戻ってきて山門に立っている。こうして何回も隣村のお寺に運んでも、そのたび毎に夜の間に戻ってくる。仁王像は隣村のお寺に行くのがよほど嫌だったようで、熊谷寺から出たくなかったと見える」との言い伝えである。

なぜ、ここの山門が気に入っていたのか、仁王さんにその理由を聞いてみたかったが「そんなこと知らない」といわんばかりに平然として立っていた。「隣村のお寺」は十楽寺という説もあるが、はっきりしない。

お遍路さんの川柳にも「大山門歴史を語る熊谷寺」「山門の仁王にもてた熊谷寺」と詠まれている。元禄時代に建てられた熊谷寺の山門は桜並木の奥に立っている。昔からの遍路道を通ればこの山門に通じているが、新道を通れば直接境内に入ってしまうために気づかないお遍路さんも多いに違いない。しかし、バス遍路の場合であったとしても、少し足を伸ばしてこの山門の仁王像は一見する価値がある。

「諸行無常《しょぎょうむじょう》」と呼ばれるように、存在するものは絶えず流動変化しており、留まるところを知らない。時間は過ぎ去るのみで戻るということがない。いわば「一方通行」である。だから我々はたとえ振り返ることはできたとしても、あと戻りすることはできない。「過ぎ去った時間はジュピターさえも取り戻すことはできない」とさえいわれる。我々は「過去」「現在」「未来」の三つがあるものと思い込んでいるが、厳密にいえば「現在」というものは存在しないという見方もできる。というのは、一年前、一カ月前、一日前というように未来からどんどん近づいてきて「現在」と思った瞬間にすぎ去って過去になってしまうからである。現在という時間は大変に短い。余りにも短いからまったく時間がないのではないかと思うほどである。そういう意味で「現在」とはまさに一瞬の世界である。現在はすぐに現在でなくなる。そしてかつての未来は現在になったかと思うとすぐに過去になってしまう。過去は過ぎ去ったもの、未来は将来のことは明らかである。しかし、「現在とは何か」と考えると説明に困ってしまう。未来でもなければ過去でもない。両者が混ざり合っている。「現在はその一部が将来、他が過去である」というように。我々は時間は「過去から未来へ」流れるという感覚をもっているが、欧米人は逆に「未来から現在を通って過去へ」と流れているとの見方をする。

人間の一生は、たとえいくらよく生きたとしても、精々百年がやっとである。実際問題として

「百年後、自分もあなたもこの世に存在していない」のである。我々は天寿があることを知っているが、それがいつやってくるのかは知らない。しかし、人生はいわば砂時計のようなもので、残り時間は確実にどんどん減って行っている。若い時代は未来はずっと遠くにあるものと思っているもので、「定年」などまだまだ先のまた先のことと思っていたが、気がついてみればいつの間にか時間が過ぎ去って「還暦《かんれき》」も過ぎて「古稀《こき》」を迎えている。時間は人の願いや思惑を超えて飛び去って行ってしまう。

振り返ってみれば人生は一瞬の夢のようなもの。その短い人生を有意義に楽しく生きるためには「この現在」「この一瞬」を大事にしながら生きていくことである。昨日や明日のことを考えることなしにこの一瞬、この現在を大切に今日一日をしっかりと精一杯に生きること、それが結局充実した人生に通じるものなのであろう。

時は人を待ってくれない。人生はあっという間に過ぎていってしまう。いまやらなければ手遅れになる。いまいるところで、いま置かれている状況で精一杯生きることが幸せというものではないだろうか。「日々是好日《にちにちこれこうにち》」は毎日毎日がすばらしい日であり、それをしっかり生きなければならない。今日を粗末にして明日のことを考えてはいけない、そういう意味なのであろう。聖書にも「明日のことを思い煩《わずら》うな」とある。「現在」を大切に生きる知恵は、古今東西に共通しているようだ。

次の九番法輪寺《ほうりんじ》へは二・一キロ。のどかな田んぼの中を遍路道が通っている。平坦でやや下り坂。畔にはタンポポが咲き、ひばりが囀《さえず》りながら空高く舞い上がっている。法輪寺は、田んぼの中のこんもりとした森の中にぽつんと立っている。そのために地元で「田中の法輪寺」と呼ばれているものと思っていたが、実際にはこの付近の地名「田中」によるらしい。法輪寺を開基したのはお大師さんで、釈迦如来の涅槃像を刻んで堂塔を建てたのがはじまりと伝えられる。山門を入ると正面に本堂、右手に大師堂。涅槃像を本尊にしている札所はここだけという珍しいもの。毎年二月十五日に開催される法輪寺の法要は「おねはん」と呼ばれて、近所の人々で一日中賑わうそうだ。

「軽くなろう。軽くなろう。重いものはみな捨てて。軽くなろう。何一つ身につけずに念仏唱えて歩きまわった一遍さんのように。軽くなろう」（坂村真民）。お遍路は日常的なものを断つ、あるいは捨てることからはじまる。ぜいたくと思われる宿や食事を断つ。せわしさを捨てる。イライラを捨てる。お遍路をするということは何かを捨てに行くことで、捨てて心を空っぽにすれば新鮮なものが流れ込んでくる。お遍路とはある意味で「軽く」なることである。捨てる。荷物もこだわりもできる限り捨てて軽くしなければならない。

ある遍路番組の後半に「今日のお言葉」というコーナーがあり、各住職が伝えたい言葉、心に残っている言葉、大事にしている言葉などが語られている。これまでも「失敗しても明日がある」「如実に自分を知る」「坂道を上れば景色が変わる」「シンプルライフ」などの言葉が心に残っている。しかし、心に残った法輪寺の住職さんの言葉をメモにすることを忘れてしまった。四巡目の折に確認したところ、それは「無理をしない」という言葉であることが分かった。実に深い意味があり、含蓄《がんちく》のある言葉である。このように「生きる知恵」を学ぶことができることも、お遍路の大きな魅力でもある。

しかし、お遍路さんが札所を訪れても専ら山門と本堂と大師堂が迎えてくれるだけで、住職さんの法話などに接する機会はほとんどまったくない。そういう意味において無味乾燥である。そうだとすれば、住職さんの「伝えたい言葉」「大事にしている言葉」などを一枚の紙に整理し納経所に置いておいて参拝者が気軽に手に取ることができるようにすれば、お遍路の魅力がさらに倍加されるように思う。お遍路の大きな目的の一つは自己と向き合い、人間としての生き方や「生きる知恵」を探し求めているのだから。

門前の「あわじ庵」で昼食に名物の「たらいうどん」を食べた際、草もち二個をお接待としていただいた。元気をもらって次の札所を目指して歩いていった。

法輪寺から十番切幡寺《きりはたじ》へは三・八キロ。その途中で自転車に乗った小学生が「こんにちは」と明るい声をかける。こちらも「こんにちは」と挨拶する。お互いに気持ちがよい。この切幡寺ばかりではなく、阿波で出会った小学生や中学生はどこでも必ず「こんにちは」と気持ちのよい挨拶をする。東京には見知らぬ人に挨拶を交わすという習慣がない。それはおそらく四国でも同様であろう。しかし見知らぬお遍路さんにあいさつするという風習は、お遍路さんを大事にする風土から生れているものだと思う。

霊山寺からこの切幡寺までは吉野川の左岸《さがん》（川の流れに沿ってみて左側）に点在し、多くは平地に建てられているが、この切幡寺は例外で阿讃《あさん》山脈の中腹にある。三百三十三段の石段をあえぎつつ一歩一歩確実に登っていくと、やがて急に視界が開けて切幡寺が現れる。境内に入ると正面に本堂、右手に大師堂、左手に本坊、納経所がある。この切幡寺からの眺めはすばらしく、眼下に吉野川がゆったりと流れ、その後方には剣山《つるぎさん》系の山々が重なり合って雄大な眺望を楽しむことができる。

この切幡寺には「お大師さんと機織娘《はたおりむすめ》」の言い伝えがあり、「亡くなった母の願いの観音様がほしい」という娘のためにお大師さんが千手観音像を刻んで本尊とし、切幡寺を建立したと伝えられる。こうした経緯から特に女性の信仰が厚いことで知られている。

切幡寺の階段の下にある遍路道は、二種類のお遍路さんの通り道になっている。近くの売店の女主人は「ここはこれから回る人と八十八ヶ所を打ち終えてその足でお礼参りに一番へ行くお遍路さんが両方通りますが、見てすぐわかります。お礼参りの人は服も汚れ、やせて顔は日焼けしているけれど、いい顔してますね。足がしっかりと地をけって足取りが強くなっています。歩き方が強いんです。これから回る人はここらあたりでちょうど足が痛くなるらしく、あそこが痛いよう、ここが痛いようといっています」と両者の違いを的確に観察している。

「歩き遍路」は「同行二人」の旅、つまり専ら一人で歩くことが原則である。仮に遍路道でお遍路さんと一緒になってあいさつを交わし、しばらく一緒に歩いたとしても、歩く速さや体調などが異なるので「お先にどうぞ」というように先に行ってもらい「一期一会《いちごいちえ》」の出会いとなる。また「歩き遍路」の基本は「早出・早入り」。朝早く六時半か遅くとも七時には遍路宿を出発し、午後四時過ぎに宿に入ることが理想的とされる。そして仮に七時に宿を出発すれば、正午までの午前中に約二十キロを歩くことができる。昼食を食べて休憩し、午後はどうしても疲れが出るので歩く時間を二時間程度だとしても、それでもおおよそ二十五キロから三十キロを歩くことになる。

遍路宿に到着するころはへとへとに疲れて到着、よく歩いたという実感が湧いてくる。風呂に入り、疲れと汗を落とせば気分は実に爽快となる。「歩き遍路」の醍醐味は、札所と札所とを結ぶ遍路道にある。歩き疲れている時に冷たい飲み物のお接待を受けると身心が蘇るような気分になる。自然の中を専ら一人で歩くことによって生きる上で大事なことに気づかされ、自然が安らぎや喜びを与えてくれる。

「経済的に余裕のある人でも健康までは思うようにならない。お金の苦労、食べていくことの苦労がないとしても人生の意義が見当たらない、世界のどこにも自分の拠り所が感じられないという高尚な悩みも存在する。実に生きていくことは難儀なこと」とされる。

徳川家康の家訓に「人の人生は重荷を負うて遠き道を行くが如し。急ぐべからず。不自由を常と思えば不足なし。心に望み起これば困窮したる時を思い出すべし。堪忍は無事長久の基。怒りは敵と思え。勝つことばかり知りて負けることを知らざれば、害はその身に至る。己を責めて人を責めるな。及ばざるは過ぎたるより勝れり」とある。

人間は生きていく中で、耐えがたい苦しみや思いがけない不幸に見舞われることもしばしばあるものだ。それは避けようがない。昔の人は「人生とは重い荷物を背負って遠い道のりを歩いていくようなものだ」というようないい方をした。そして「不自由を常と思えば不足なし。心に望み起これば困窮したる時を思い出すべし」として心の持ちようが大事であるとしていた。

切幡寺から十一番藤井寺までは九・八キロ。吉野川を渡るかなりの長丁場である。やがて吉野川の堤防に到着。広い河川敷にアスファルト道が一本延びている。防風林らしい林を抜けると大きな川が現れる。吉野川の本流である。ここで川島橋という潜水橋を渡る。潜水橋は洪水の時に流木が橋にひっかかることがないように欄干がなく、橋脚も低い。水面下に沈んで受け流す。自然に逆らうことなく、自然の脅威と上手に折合って生きる暮らしの知恵が生んだ橋である。

歩きも二十五キロを超えると、さすがに疲れが出て足が急にガクンとくる。藤井寺へ通じる最後の遍路道がきつく、最後の上り坂が足にこたえた。門前の民宿「ふじや旅館」は十二番焼山《しょうざん》寺《じ》越えにとって地理的にも欠かせない遍路宿で、四代前からここで遍路宿を営んできた。周りに六軒あった遍路宿もバス遍路の増加、いい換えれば歩き遍路の減少で次々に廃業していったそうだ。今夜の宿泊客は十三名。東京三名、豊橋三名というように、お遍路さんが四国のみならず全国からやってきていることが伺える。しかしその「ふじや旅館」も残念なことに数年前に廃業してしまった。

歩きはじめて早くも二日目で足にマメができて痛い。マメは「足が靴とずれる位置にできる水ぶくれで、太めの針でマメに二つの穴を開けて白い汁を出すことがコツ」だとか。でもマメをつぶすことは痛い。「おずおずとマメに針指す遍路かな」。足のマメの痛さ、関節の痛み、足対策をどうするかが、さしあたり歩き遍路にとっての課題となる。

明日はいよいよ焼山寺越えである。朝食は六時で、山中なので昼食用におにぎりも準備していただけるという。お遍路は前述のように「早出早入り」が原則で、遍路宿の朝食は六時が一般的。その朝食を英語では「ブレイクファスト」という。語源的にはファスト（断食）をブレイクする（中断する）という意味だそうだ。たしかに朝食と昼食、昼食と夕食の間隔はそれぞれ六時間程度であるが、夕食から翌朝の朝食までは十二時間もの間隔があいている。朝食とは「夜の間は寝ることによってあたかも断食していたのを中断する」というふうに理解すれば納得できる。

前夜来の雨も雷も収まって晴れ間が顔をのぞかせている。ふじや旅館から藤井寺《ふじいでら》へは数分の距離。お大師さんが五色の藤を植えて十一番札所に定めたといわれる。山門を入ってすぐ右手にある藤は、気温に敏感なので、満開の藤に出会うことができれば幸運である。本堂は山門を入って右側の一段高いところにあり、その天井には豪快な雲龍が描かれている。本尊は薬師如来。この薬師如来は十六世紀末の「天正の兵火」により境内の建物がすべて焼け落ちたとき、不思議なことに火災を避けて自ら川に落ちて難を逃れた。また天保年間（一八三〇〜一八四三）の火災でも住職によって持ち運び出された。このように何度も災難に遭いながらも無事だったので、「厄除けのお薬師さん」と呼ばれている。

四国の札所の多くがお大師さんによって開かれているとすれば、真言宗の札所が多いことは容易に想像でき、実際にも札所の約九十パーセントは真言宗関係の札所である。しかし、例外的にせよ、そうでない札所もある。臨済宗（藤井寺、雪蹊寺）、曹洞宗（十五番国分寺）のほか天台宗系（明石寺、金倉寺、根香寺、長尾寺）や時宗（郷照寺）関係の札所もある。藤井寺は、詳しい事情はともかく真言宗から臨済宗に改められて、現在は臨済宗妙心寺派に属している。臨済宗といえば曹洞宗とともに禅宗に属する。

禅の基本はシンプルで、「すべてをシンプルにしよう」という考え方がその根底ある。そして興味深いことに、禅には教えを広める工夫が施してあり、お寺に行くと細かなところにその思いが隠されているそうだ。たとえば、枯山水の庭で有名な龍安寺《りょうあんじ》（京都）の石庭には十五個の石が七、五、三で固めておいてあるが、縁側のどこからみても十五個全部を一度に見ることはできない。必ず一つ、二つは隠れて見えないように設計されているという。そして、そこには何が隠されているのかといえば、十五という数字は昔から完全を表わす数字といわれ、七、五、三を全部足したら十五になり、他にも十五夜などにも使われている。つまり「人間はいついかなる場合であっても完全にはなれない」という教えが隠されているのだそうだ。

藤井寺のフジの花

また、前述のように藤井寺の本堂の天井には豪快な雲龍が描かれているが、天井画に雲龍が使われる理由として、一つは龍は仏の使いと考えられているので仏の教えが広まるように龍を天井に描いたこと、そしてもう一つは寺にとって火事が大変こわいので水の神様である龍を描くことによって火事が起こらないようにしたという。因《ちな》みに、臨済宗や曹洞宗の禅宗のお寺に多く見られる天井画は、「格《ごう》天井」（正方形の区画模様にしたもの）と鏡天井（平板な板一面に絵を描く）の二つのタイプに区別され、前者には花鳥が多く描かれ、後者には龍が多いといわれる。

「最近バス利用のお遍路さんが少なくなった。その最大の理由はいわゆる「講《こう》」（神仏信仰のために組織する団体）の世話役が高齢化してリタイアし、その後継者のなり手がないので、世話役のリタイアがすなわち「講」の解散に通じている」と納経所では分析していた。「講」の世話役は参加者の募集から、日程の調整、バス、宿泊の手配まで負担が大きい。そして部屋割一つにしても色々な注文がでるそうで、そうした姿を目にしているだけに、世話役の後継者がなかなか現れないのだと思う。

十二番焼山寺《しょうざんじ》への距離は十三キロ。しかし、問題は距離ではなく、山を越え、谷を越えて行く七百メートルの標高差である。昔から「一に焼山、二にお鶴、三に太龍」といわれる最大の難所で、健脚でも五時間、並足で六時間、弱足では八時間もかかるとされている。焼山寺への上り口は藤井寺の本堂の左手奥にあり、七時に出発、その途中に三つの庵があり、最初の長戸庵へ向かった。距離は三キロ強。急な上り坂が続く。

遍路道の木の枝には「元気を出して」「一歩ずつ前進」「お大師さんに会い、お大師さんと語る」などの励ましの言葉が書かれた短冊が掲げられている。やがて「端山《はしやま》休憩所」に出ると右側に展望が開けて眼下に昨日潜水橋を渡った吉野川がゆったりと流れ、対岸の阿讃山脈の山並みもくっきりと見渡せる。一時間ほど歩いたら小さなお堂があった。長戸庵《ちょうどあん》に到着。その昔お大師さんが「ちょうど疲れた」といって休憩をしたところと伝えられる。無人の庵《あん》（小さい簡単な住居）がぽつんと立っているだけであたりはひっそりとしていて人の気配はなかった。最近になって女性専用のトイレが設置されていた。人の役に立つこと、人に喜ばれることを黙々としている人が多いことに気づかされる。

しばらく休憩して次の柳水庵《りゅうすいあん》を目指して歩き出す。距離は三・二キロ。満開の淡白な山桜が目を楽しませ、ウグイスの鳴き声を聞きながら落ち葉の積もった遍路道を歩くことは、実にさわやかで、すがすがしい。遍路ころがしの急な坂を下ったら柳水庵。案内板には「焼山寺まで六・三キロ、藤井寺まで六・六キロ」とあり、ほぼ中間点に到達。人の住む気配はまったくなく、廃屋と化して板が打ちつけられていた。休憩後「一本杉浄蓮庵《いっぽんすぎじょうれんあん》」を目指して歩き始める。一本杉浄蓮庵までは二・二キロ。一旦急坂を下り、今度は一転してきつい上り坂が続く。

うっそうとした木立《こだち》の続く遍路道を上りやっと辿り着いたら巨大な修行大師像が現れ、その背後には高さ三十メートル、周囲七・六メートルの巨大な「左右内《そうち》の一本杉」が立っている。標高七百四十メートルにある「一本杉浄蓮庵」。そこからは急な下り坂。一挙に三百五十メートルも下る。約一時間かけて左右内の集落へと下った。のどかな集落には人家が数軒あったものの、人の気配はまったく感じられない。三十年前には「おんやど」と書いた遍路宿が一軒あったそうであるが、すでにその姿はない。集落を過ぎて小さな谷川を渡ると、再び急な上り坂となる。「丁石」

と呼ばれる標識には「二十三丁」（二・五キロ）とある。

　これから約二・五キロの最後の上り坂。あたかも耐えられるかどうかを確認するために試練を課せられているかのようにきつい上りである。相当に疲れがたまっていたこともあって、心身に堪《こた》えた。上っては下り、下っては上るという繰り返しが三回もあって実にきつかった。最大の難所は焼山寺である理由が良く理解できた。一番から十番までは平坦かつ近距離で足ならしと巡拝のコツを習得する区間で何とかなると思いはじめたころにドカンと出合う試練の場。ここで歩き遍路をつづけるか、断念するかのふるいわけを受けることになる。焼山寺に到着したのは午後三時。麓を出発してから八時間弱が経過していた。焼山寺に到着した時には、幾多の苦労を乗り越えてきただけに達成感で胸が一杯になった。苦労が多ければ多いほど、その結果得られる喜びも大きいものである。最大の難所を乗り越えてみると、なんともさわやかな風が心の中に吹きわたって何とかこれから先も行けそうだという気持ちにさせてくれるから不思議である。焼山寺越えを経験して気づいたことを二つあげれば、一つはすべては刻々と変化していていつまでも同じ状況は続かないということ。上り坂といってもいつまでも続かない。下り坂もいつまでも続かない。晴れの日も雨の日もいつまでも続かない。たとえ現在健康に恵まれているとしても、同じ状態がいつまでも続かない。だから、もし現在、健康に恵まれているとすれば、そのこと自体に感謝の心を持たなければならない。

もう一つは「耐えることの重要性」を学んだ。耐えに耐えているとやがて展望が開けてくることを実感として味わった。現代では「忍耐することはあまりいいことではない」とされ、家庭でも学校でも我慢することを教えなくなった。最近の子供は自分の思うようにならないとすぐにキレてしまうといわれる。しかし、「子供たちを甘やかさずに我慢する心――すなわち耐性というものを小さい時に教え込まなければ、人は世の中の荒波を渡り切ることはできない」（岩崎弥太郎）。人生には自分の思うようにならないことが一杯ある。従って現実を受け入れて耐えることも生きる上で大切な知恵だと気づいた。この焼山寺越えを経験することによって、たとえどんな困難に出会ったとしても、乗り越えられる自信のようなものがつき、人生に対する見方が大きく変わったような気がした。「重要なことは何を耐え忍んだかということではなくて、いかに耐え忍んだかということだ」という意味が少し理解できたように思った。

スイスのダンテさんからメールが届いた。メールには次のように書かれていた。「便りをいただいたのは大きな驚きだった。十一番札所でお目にかかった。大変親切にしていただき改めてお礼を述べたい。お遍路は昨年（二〇一一年）の十一月二十七日に終えた。一番札所へのお礼参りを含めて四十九日かかった。しかし、大きな問題もなかった。スイスに帰ってから四国のことを大変幸せになつかしく思い出している。風景はすばらしく、人々はみな親切であった。お遍路は自分の人生で最もすばらしい経験の一つである」などとあった。

たまたま資料を整理していたらダンテさんからいただいた名刺が出てきたのでそのアドレス宛てにメールを送ったら、地球を駆け巡り翌日に返信が届いたのである。ダンテさんもお遍路の旅から五ヶ月も経過したのちに届いたメールだっただけにさぞかしびっくりしたにちがいない。そのダンテさんとは昨年秋に阿波の藤井寺で出会い、難所とされる焼山寺を一緒に上った。その道中で「どちらから」「スイスから」「二つの湖があるインターラーケンはすばらしい景観だった」「インターラーケンは妻の出身地」「十二番までどのくらい」「健脚なら五時間、弱足なら八時間程度」と意外と会話は弾んだ。ダンテさんは予想外に健脚で急坂も難なく軽々と上っていく。やがて「ゆっくり上るのでどうぞお先に」といって先に行ってもらった。

メールと一緒に送られてきた故郷の写真は、青空を背景にアルプスがそびえ、小高い丘には教会の尖塔が天に向かって立っている。風光明媚《ふうこうめいび》であるばかりではなく、歴史の古い町を感じさせる光景である。故郷の「サンタ・マリア・カランカ」は、インターネットで調べてみると、「スイスの南部、イタリアとの国境近くに位置し、標高九百五十五メートル。人口の八十六パーセントはイタリア語を話している」とある。ダンテさんもその名前からイタリア系と思われた。

最近外国とりわけヨーロッパからのお遍路さんが増えている。大変なことの一つは遍路宿の予約で、電話で「ハロー」(こんにちは)といえば、即座に電話を切られてしまうそうだ。言葉の壁、遍路道の「道しるべ」の確認、長い道のりなどそれでなくても多くの苦難を伴う四国遍路。スイスから九千キロも遠く離れた四国遍路のことをどこで知り、どういうきっかけでお遍路にやってきて、どういうところに魅力を感じたのだろうか。

十三番大日寺《だいにちじ》までの距離は二十一・五キロ。鍋岩《なべいわ》から急坂の遍路道を上れば玉ヶ峠。そこからはなだらかな下り坂が鮎喰川《あくいがわ》と合流する「本名《ほんみょう》」まで延々と続く。右手に鮎喰川を眺めながら日本の農山村の原風景が感じられて実にすばらしい遍路道である。清流の鮎喰川を右に左にしながら、阿川《あかわ》橋、広野《ひろの》を過ぎると右手の山手に建治寺《こんじじ》（大日寺の奥の院）がある。

大日寺も近づいてきた時、その右手に「おやすみなし亭」がある。お遍路さんのための休憩所である。名前の由来は徳島弁の「おやすみ下さい」という言葉。冷蔵庫には地元の人々が冷たいお茶やみかんを無償で備えている。タオルや飴も常時置かれている。開設のきっかけは近所の主婦Mさんが「さまざまな重荷や課題を背負い、歩き続けるお遍路さんたちを何らかの形で励ましたいと思うようになったこと。そしてお遍路さんのための休憩所を作りたい」という願いが生まれ土地を無償で提供した。「皆様の一言、納め札が運営していく力の源泉」と書かれていた。

大日寺は鮎喰川に沿って道路の左側に建てられている。山門を入ると、左手に本堂、正面に納経所のある本坊、右手に大師堂。大日寺はお大師さんがこの地で修行中に大日如来が出現し、像を刻んで本尊として安置し、十三番札所と定められたと伝えられる。しかし、一宮神社が建立されたとき、大日寺はその別当寺（神社を管理するために置かれた寺院）となり、明治初期に十一面観音を一宮神社から移して本尊として安置し、大日如来は脇仏となってしまった。大日寺でありながら、本尊は大日如来ではなく、十一面観音というのだからややこしい。

道路の反対側にあるのが、阿波一宮神社。古来から日本人の心には「神」と「仏」が融和して一心同体の関係、つまり神仏習合《しんぶつしゅうごう》の状態にあったが、明治初期の宗教政策によって「神」と「仏」は分離され、仏教は大きな打撃を受けた。この「神仏分離《しんぶつぶんり》」政策は神道による祭政一致を目指したもので、明治政府は明治元年（一八六八）に「神仏分離令」を出して神社からの仏像、仏具の撤去を、また寺院からは神社関係器物の除去を命じた。

明治五年（一八七二）には寺院の持つ特権を廃止、寺院は江戸時代からの保護・特権を奪われ、数年にわたる混乱・紛争が全国に起こり、ひいては廃仏毀釈《はいぶつきしゃく》の激化を招いた。明治政府は我が国古来の宗教は「神道《しんとう》」であるとし、外来宗教である仏教を排斥しようとした。後になって宗教（神道）と政治が結びついてあの悲惨で、無謀な太平洋戦争を引き起こしたことを忘れてはならないと思う。

人間である限り、多かれ少なかれ「生きがい」を求めて生きている。「生きがい」とは「生きていることに意義や喜びを見いだして感じる心の張り合い」「生きているという実感」「充足感」などといわれるが、受け止める側の「心の問題」だから必ずしも明確な基準があるわけではない。しかし、生きがいは与えられるものではなくて自ら見つけるものである。

ある新聞に次のような投稿が掲載されていた。

「定年を迎えて心から開放感を感じ、いままでやりたくてできないことがいよいよできると思った。好きなゴルフに精を出し、読みたかった本を読み、地域のサークル活動にも参加し何回かの旅行にも参加した。しかし一年ほどたってから期待していたほどの充実感が得られず、逆にむなしさを感じるようになった。とにかく人間は自分の自由になる時間を自分で活用しているだけでは本当の生きがいにはならないと思うようになった。そんな時に社会福祉協議会の紹介で一人住まいの高齢者のところへ話を聴く相手として出入りするようになった。訪問すると顔を合わせた瞬間、和やかな表情で迎えてくれる。おかげで自分の心の方がかなり落ち着いてきた」というのである。

自分が好きなことをしているだけでは充実感は得られない。充実感や生きがいを感じたいと思うのであれば、人に尽くすこと。人の役に立ち、喜ばれることで得られる喜びはとりわけ深い充実感をもたらす。相手から向けられた感謝の言葉や笑顔が心を温めてくれる。相手の喜びを自分の喜びとする「利他の心」が大切であることがうかがえる。

他人の利益を優先すれば自分は損をすると思っているが実際にはそうではない。「世のため、人のために尽くす」ということは、他人だけではなく自分にもあまねく良い結果をもたらすものである。やがて「人のため」と思っていたことが自分の幸せにつながっていることに気づかされるものである。

「与えるは受けるより幸なり」。人間は他からもらうこともうれしいが、他に与え他を喜ばすことにより大きな喜びを感じるところがある。

「己を忘れて他を利するのは慈悲の極みなり」（最澄）。「忘己利他《もうこりた》」という教えは「己を捨てて他を利する。そうすればみなが幸せになる」という教えである。自分より他の人のために一生懸命尽くし、励んで行くと自然に自分への利益《りやく》が回り巡ってくる。これが本当の御利益とされる。

（3）大切な少欲知足

大日寺から十七番井戸《いど》寺《じ》までの五ヶ寺は比較的固まって存在している。大日寺から次の十四番

常楽寺《じょうらくじ》までは二・四キロ。鮎喰川を渡り菜の花が咲き乱れる遍路道を歩くと、四十分ほどで到着。常楽寺の境内は異様な姿の岩盤が露出しており、その岩盤の上にお寺が建てられている。境内の正面に本堂。その前に立っているアララギの大木は、その幹が三メートル位のところで七本に枝分かれして、その中に抱かれるようして大師像が安置されている。しかし、小さな像なので注意してみないと気づかないかもしれない。

常楽寺はお大師さんがこの地で修行をしているときに弥勒菩薩を感得し、像を刻んで安置し、十四番札所と定めたとされる。弥勒菩薩が本尊の札所はここだけ。お参りを済ませてから裏手の遍路道を通って「奥の院」である「慈眼寺《じげんじ》」へ行った。ここには「生木地蔵」が祀られ、「一願地蔵」とも呼ばれている。瓦にはお願いごとを一つだけ書いてお供えし、願がかなうと自分の年齢だけの瓦をお供えしてお返しをする。願いごとは一つと限られており、欲張って二つも三つも願いごとをすると一切かなわないそうだ。

人間の本性の一つである欲望が、人類の経済や文化の向上、発展に大きな貢献をしたことはいうまでもない。しかし、その一方において欲望にはキリがないのでこれで充分という客観的な基準は存在しない。むしろその基準は自分の心の中にある。つまり「自分がこれでいい」と思えばそれが満足の基準になる。「モノの時代」といわれ、ほしいものがあふれる中で多くの人々は本当に大切なものはお金やモノでなく、心の豊かさであり、生き方なのだと気づきはじめた。

「幸福は満足することにある」という。際限のない欲望をコンロールすることによって「足ること」を知れば心に不満は起こってこない。どんなにモノがあっても「足《た》るを知る心」がなければ何も生かされない。「少欲知足《しょうよくちそく》」、つまり欲望を少なくして「足るを知る」ことを身につけることは、生きる上において重要な知恵の一つである。四国で出会うお遍路さんが一様にすがすがしくさわやかな印象を受けるのは、この少欲知足の心を身につけているからかもしれない。

十五番国分寺《こくぶんじ》へは〇・八キロ。国分寺は聖武天皇の命を受けて行基《ぎょうき》菩薩が開創。創建当時は七堂伽藍が整って広大な寺域を有し法相宗《ほっそうしゅう》に属していたが、後にお大師さんが訪れて十五番札所と定めたと伝えられる。国分寺は聖武天皇が相次ぐ凶作と疫病の蔓延を契機に国ごとに国分寺と国分尼寺を建立することを命じ、造営したことにはじまる。「この国を四国に分けて国分寺」と詠まれているように、この阿波の国分寺のほかに、土佐、伊予そして讃岐にもそれぞれ国分寺が造営されることになった。

その後、この国分寺は十六世紀末の「天正の兵火」に遭ってことごとく灰燼に帰したが、寛保元年（一七四一）に再建され、その時に真言宗から曹洞宗に改宗した。因みに曹洞宗の札所はこだけである。菊の紋章がある山門をくぐると左手に鐘楼があり、正面に本堂、右手に大師堂、さらに右手の奥まったところに納経所がある。江戸時代に造られた二層の本堂は、重厚な感じがして大寺としての風格が十分に感じられた。

次の十六番観音寺の納経所に行った時に思いもよらないハプニングが起こった。それは差し出した納経帳を見た納経所の人に「十五番国分寺の納経が終わっていない。いまから引き返して納経をもらってきなさい」といわれたのである。仕方なくアドバイスに従って引き返して、納経を受けに戻った。しかし、たとえ自分の不注意や思い違いによるものであったとしても、いま来た道をもう一度引き返すことほどつらいことはなく、寒風が身に沁みた。二キロほど引き返して国分寺に到着してみると、境内の右手の奥まった所にある納経所は、たしかに立ち寄った記憶はまったくなかった。

「徒然草《つれづれぐさ》」には達人の名言の一つとして「高名の木登り」が紹介されている。「木登りの名人がある時、人を指図して高木に登らせて梢を切らせた折にひどく危険に見えた間は何も注意をしないで、その人が木から降りるときに軒の高さくらいになると『怪我をするなよ。用心して降りろ』と言葉をかけた。これくらいの高さなら飛び降りることもできるのにどうしてそういうのかと尋ねたところ『高いところで目がくらんで、枝が折れそうな危険なうちは自分の恐ろしさが分かっているので何もいわない。怪我は安全な場所になって起こるものだ』と答えたという。

おそらく国分寺の本堂と大師堂での般若心経のお唱えが終わった瞬間、納経所での納経も受けていないのに「すべて終わった」と思い込んで頭の中はもう次の観音寺に飛んで行っていたのに違いない。ちょっとした勘違いから時間的にも二時間のロスとなった。「もう終わった」と安心することは気が緩むことであり、失敗の元であることを痛感させられた。「もう安心」と心を緩めたときが危険だという「高名の木登り」の戒めは、現代でも十分に通用するように思う。

十六番観音寺《かんのんじ》へは一・七キロ。到着すると、境内では恒例の春のお接待が行われていた。隣町にお住まいのKさんは毎年三月末から四月中旬にかけてたくさんの草餅を作ってここでお接待をしている。昭和四十一年（一九六六）からお接待を続けているそうだから、もう四十年以上にもなる。しかも「お接待をさせていただくことはありがたいこと」「お接待をさせてもらえるのは最高の喜び」「お遍路さんの笑顔が何よりの生きがい」という。いずれも頭の下がる思いがした。草餅二個とお茶のお接待をありがたくおいしくいただいた。しかし、お接待はモノではなくて心である。何よりもおいしかったのはその心だったように思う。そこには崇高な「利他の心」が伺えて、感動させられる。いずれにしても四国の人々には「お遍路さんをお迎えする」との思いやりの心が感じられて、うれしく思う。

納経所は本堂の左側、駐車場の隣のベンチの並んだ奥にある。納経所にはいつも二人が座っていてそのうちの一人が当方が差し出した納経帳をみるや否や前述のように「十五番国分寺の納経がモレている。戻ってもらってきなさい」と言われた時はショックだった。納経帳が見開きになっているのですぐに気がついたのであろう。

山門を入った右側の大きな石の中にお地蔵さんが祀られている。このお地蔵さんは「夜泣き地蔵さん」と呼ばれ、赤ちゃんが夜泣きをして困る時に夜泣きを封じてもらうようお願いをする。最近では「夜泣き地蔵さん」は、眠れないお年寄りの「夜、よく眠れますように」との願いもかなえてくれるそうだ。

人間は誰でも多かれ少なかれ不眠症になった経験があるはずである。しかし、専門家によれば「不眠症という病気はない。あるとすれば自分が眠れないことを不安に思う「不眠神経症」である」という。人間は本当に眠れないのであれば死んでしまう。千日回峰の酒井師によれば、一番厳しい修行は「断眠、つまり眠ってはいけないこと」だそうだ。人間の体は生体リズムといって太陽が昇ったら目覚め、太陽が沈んだら休息にはいるようにできている。だから人間は必ず眠る。従って、たとえ本人は眠れないと思っていても、実際にはうとうとしたり昼寝をすることによって必要最小限度の睡眠はとって帳尻を合わせているのが真相である。しかし、自分に眠ったという実感がないので心ばかりが焦燥感にかられ眠れぬことに悩み続けることになる。たしかに心理的な要素があることはまちがいない。

二〇一二年の調査によれば、日本人の約十パーセントが不眠症、約五パーセントが睡眠薬を服用しているという。しかし、睡眠薬は対症療法にすぎず、不眠を治してくれるものではない。不眠症の患者を手っ取り早く治す方法は「眠らせずに眠るまで待つ断眠療法で、ぐっすり眠れた翌日の爽快感を体験するまで待つ」ということだそうだ。しかし、たとえ理屈はそうだとしても、眠れない当人にとってはつらい問題である。


観音寺から次の十七番井戸寺《いどじ》までは三キロ弱。一時間弱で到着できる。国道沿いに歩いて左折し、門前に近づいたとき、すでにお参りを終えて境内から出てきたお遍路さんに出会う。三回目だった。「本当によく出会いますね」とお互いに挨拶。一旦別れればほとんど二度と会うことはない中で、こうして何回も出会うお遍路さんもいる。たとえ同じ遍路道を歩いていても縁のない人には会わないし、ご縁のある人には何回も出会う。出会いとは本当に不思議なものである。

井戸寺はお大師さんが本尊の薬師如来を刻んで修行しているときに、この地方の水が悪く付近の人々が水に不自由しているのを知って、持っていた錫杖《しゃくじょう》で井戸を掘ったところ清水がこんこんと湧き出たといわれ、井戸寺の名前もこれに由来する。山門は二百年ほど前に阿波の蜂須賀《はちすか》藩主が別邸の朱塗りの門を寄進したもので武家屋敷の長屋門に似た造りとなっている。

この山門に奉納されているワラジは四国一といわれ、その大きさにびっくり。境内に入ると正面に本堂、右手に大師堂。境内中央の小さなお堂には「日限《ひかぎり》大師」が祀られている。一週間とか、一か月というように、日時を限ってその間欠かさずにお参りするとその願いが必ずかなえられるという。また境内の「面影の井戸」を覗きこんで自分の顔が映れば、無病息災、映らなければ三年以内に不幸があるとも言い伝えられている。自分の姿が映っていたのでホット安心した。

阿波の殿様蜂須賀公は、もとは尾張蜂須賀村の出身。豊臣秀吉に仕え、竜野《たつの》（兵庫県）五万石の大名に出世。その後秀吉の四国征伐の先兵隊として四国へ足を踏み入れ、阿波を占領していた土佐の長宗我部元親《ちょうそかべもとちか》を打ち破った。藩主として阿波入りしたのは天正十一年（一五八三）のこと。こうして蜂須賀公は尾張時代、竜野時代と時を重ねるごとに発展し、ついに阿波一国を治めるまでになった。産業振興にも力をいれ、播州竜野から藍の品種を取り寄せて「阿波といえば藍」といわれるまでに育て上げた。また製塩技術を播州から導入し、各地に塩田を作らせたのも蜂須賀公である。

「処暑」も過ぎて朝夕はしのぎやすくなり、夜にはコオロギやマツムシの鳴き声も聞こえるようになってきた。「春が去って夏になり、夏が終わって秋が来るのではない。春のうちに早くも夏の気配が生まれ、夏のうちにすでに秋の趣は入り混じっているのだ」（『徒然草』百五十五段）という。自然のサイクルは確実にめぐっているようだ。

八月下旬に「高円寺の阿波踊り」が開催された。場所はJR中央線高円寺駅から地下鉄新高円寺にかけての一帯の道路や商店街。私はパル商店街で見物した。商店街は観客で埋め尽くされ、二メートルほどに狭くなった商店街を阿波踊りの「連《れん》」が鐘や太鼓、三味線の軽快なリズムに乗って次々に踊りこんできて、その躍動感あふれる踊りに引き込まれてしまう。威勢よく「ヤットサーヤットヤット」「やっぱり阿波踊りはやめられない」とつぶやきながら。

踊り手は見物客を喜ばせようとして踊るのではなく、無心に、自ら楽しみながら踊っていてその姿が観客を魅了している。阿波踊りは人をひきつける魅力がいっぱいである。腰をやや落として体重を前へ前へのせる。「踊るアホに見るアホ。同じアホなら踊らな損々」。踊っている自分もアホなら見物客も同じ。そうだとすれば、踊って楽しんでいるほうがずっとマシといわんばかりである。踊れるとか踊れないとか、上手とかそうでないとかにこだわらないで、同じアホなら一緒に踊ろうと呼びかけているかのようだ。

のびのびと踊っている姿を見ると、何かお大師さんの実践を重んじる生き方、つまり頭で考えるのはやめてまず実践しようと呼びかけているかのように思われた。阿波踊りは庶民の喜びや悲しみをすべて包み込んで四百年以上も踊り継がれてきた。晩夏を彩る風物詩である「高円寺の阿波踊り」が終わると、やがて東京に秋が次第に近づいてくる。

ある日境内で地元の人々によるお接待が行われていた。「今日は二十一日、お大師さんの命日にちなんで二百十個の赤飯にお茶を添えてお接待した。お遍路さんの喜んで下さった笑顔が目に浮かびうれしさで私の心は満たされた」と相手の喜びを自分の喜びとするようなすがすがしさが伺える。

阿波のお遍路に行くたびに井戸寺の近くにお住まいのTさん宅の善根宿に泊めていただいた。温かい風呂に入れていただき、心のこもった夕食、朝食をごちそうになった。心温まるもてなしを受けて元気とパワーを一杯にいただいて次の札所へと向った。

またあるお遍路さんの感想として次のように綴られていた。

「いつの日にか行ってみたいと思い続けてきた四国歩き遍路をやっと体験した。『遍路ころがし』とも称される焼山寺までの急な道を四時間で踏破することもできた。道すがら多くの人たちのおもてなしと労《いたわ》り、ねぎらいの心に接することも度々で感謝感激の日々でした。お接待のお茶を出して下さったおじさんの丁寧な巡礼要領のご説明、とあるレストランのマスターの心配りとおもてなし、その店のお客さんの差し出す金時芋のうまかったこと。十七番を打ち終え、降りしきる雨の中でバスを待っているとわざわざ自動車を止めて駅近くのバス停まで同乗させてくれ、お土産までくださった女性もいた。疲労激しい体に心は温まり涙が出るほどうれしい遍路旅でした。日本人が忘れ去ろうとしている慈愛の心情が阿波徳島の地では脈々と受け継がれているのが実感できました」とお遍路旅で心温まるお接待を受けて感激している様子が伺える。

お接待は四国に伝わる独特の風習で、その動機としては、①苦行するお遍路さんへの同情心。②善根を積み功徳を得たいとする大師信仰。③身代わり巡拝を頼む気持ち。④先祖供養などがあるとされるが、その動機は必ずしも単一ではなく重複しているように思う。いずれにしても、そこには「他人の喜びを自分の喜び」とするというすがすがしい気持ちが伝わってくる。崇高な「利他の心」「他を利せんとする心」に根ざしていることは間違いない。

（4）感謝の心は喜びの源

十八番恩山寺《おんざんじ》までの距離は十八キロもあり、かなり長い道のりである。井戸寺から恩山寺へ向かうには徳島市内を通るコースと地蔵院越えのコースの二つがある。恩山寺は小松島市田野町の小高い山の中腹にあって、聖武天皇の勅願により行基菩薩が本尊の薬師如来を刻んで安置。後日

訪れたお大師さんの母君は女人禁制のため境内に入ることを許されなかったが、お大師さんの修法により女人解禁となり、母君に孝養を尽くした寺として知られている。仁王門のやや上にある大きなビランジュの樹は、修行中のお大師さんが寺を訪ねてきた母親を招き入れて孝養を尽くし、それを記念して自ら植えたとも伝えられている。

本堂は正面、納経所は右に行った書院の中になる。この納経所では「摺袈裟《すりげさ》」というお守りを手に入れることができる。所持すると病気治癒・滅罪生善（悪いことをいいことに変える）の功徳があり仏壇の中に入れると供養になるといわれている。

人間は誰でも一人で生まれ、やがて一人で死んでいく。しかし、自分の意思でそうしているのかといえば、必ずしもそうではない。たしかに現在生きているのは自分であるが、自分の意思や努力で生まれてきたのではない。自分の命は自分のものではなく、何かによって与えられたもの、授けられたものである。そういう意味において「生きている」ということは「生かされて生きている」ことにほかならない。

我々が現に存在しているのは両親のおかげ、その両親もまた両親のおかげである。自分の両親は二人。祖父母は四人、祖父母の両親は八人というようにその数は倍々で増えていく。先祖は過去十代まで遡れば千人を超え、さらに二十代まで遡れば百万人を超えるそうだ。この自分の存在の元をたどれば、いかに多くの先祖が存在しているかが分かる。このように我々の現在の命は過去において一度も途切れることなく先祖から受け継がれ、また子孫へと次々に受け継がれていく無限の命の一部分である。一人の人間の命が重いのは、そこに至るまでに長い、長い「命の流れ」があるからにほかならない。

我々は先祖の命のすべてを引き継いで生きている。決して自分の力だけで現在の自分があるのではなく、さまざまな多くの人々によって支えられて生きている。こうした客観的な事実に気づくとき、自分の「命の源泉」となった両親や先祖に対して感謝の気持ちが起こるのは、人間として自然なことであるように思われる。

しかし、感謝すべきものは何も両親や先祖だけには限らない。水や気温、空気や風、太陽の光など自然の恵みがなければ一日たりとも生きていけない。自然の恵みにも感謝すべきであることはいうまでもない。今日一日元気で過ごせたことも健康に恵まれてお遍路に出かけることができることも、我々の身の回りには感謝すべきものはたくさんある。重要なことはそれに気がついているかどうかである。

物質的な繁栄の中で「感謝する心」がともすれば忘れられがちであるが、感謝の念を持つことは人間にとって大切なもので、人間の幸福や喜びを生みだす根源ともいえるものである。ある遍路さんも「お遍路を終えて何が変わったかと自問自答すれば、感謝する気持ちが心に刻まれたような気がしてならない」と述べているが、その気持ちが良く分かるように思う。

十九番立江寺《たつえじ》へは三・八キロ。立江寺は聖武天皇の勅願により行基菩薩が地蔵菩薩を刻んで安置し、開創した。のちにお大師さんが当山に滞在し、立江寺と号し十九番札所と定めたと伝えられる。四国の札所には悪事を働いた者が必ずお大師さんのおとがめを受けるとされる関所寺が四ヶ寺あり、立江寺はその一つである。罪を犯したもの、邪悪な心を持った者はここで悔い改めない限り、先に進むことが許されないといわれている。

立江寺には芸妓「お京」の話が言い伝えられている。江戸時代に「お京」という女が愛人と共謀して夫を殺した。「お京」は罪滅ぼしのためにお遍路となってこの立江寺に入り、本堂の前で本尊を拝もうとしたとき「お京」の黒髪が鐘の緒にまきついて取れなくなった。怖くなった「お京」が住職にすべてを告白すると、「お京」の黒髪は肉もろともはがされてしまったが、命だけはかろうじて助かった。二人は立江寺の近くに庵を作って住み、末永く夫の霊を弔《とむら》ったという。

四国ではどこの遍路道にも、分岐点には必ず「道しるべ」がある。「へんろみち保存協力会」の代表を務める宮崎建樹さんは、「遍路道を歩いたとき、さんざん道に迷ってこりゃいかんと思った」そうだ。この赤いマークの簡素な道しるべは、四国の遍路道の主要分岐点に約二千本、「へんろシール」は電柱や道路標識の支柱などに約七千枚貼付されて道案内をしているという。そのすばらしい利他の心と実践力に感動させられる。「昔の人たちは道なき道を百日間かけて回った」といわれるが、道に迷うこともなく歩き遍路ができるのは、まさにこの「道しるべ」のおかげである。「へんろみち保存協力会」代表の宮崎建樹さんは二〇一〇年に亡くなられた。歩き遍路にとってまさに大恩人だった。

六十五歳以上の一人暮らしの高齢者が増加している。人口問題研究所の調査によれば、一人暮らしの高齢者の推移を見ると、二〇〇五年に四百万人、二〇一〇年には四百六十五万人、二〇二〇年には六百万人を越えるという。

二〇一〇年の四百六十五万人という数字は四国四県の人口を上回っており、その数の多さに驚かされる。しかし一人暮らしの増加が顕著なのは何も地方に限ったことではなく、むしろ首都圏で顕著である。高度経済成長期に職を求めて地方から移り住んだ世代がそのまま定住化して高齢化。育てた子供は就職や結婚でやがて巣立ちし家を出て行く。あとに残されるのは二人だけ。そしてやがて一人暮らしというパターン。いわゆる核家族化の進展の中で、こうした傾向は好むと好まざるとにかかわらず、増加することが見込まれる。従って、人生の後半をどのように一人で生きるかが重要な課題になってくる。

ある本に一人暮らしのヒントが書かれていた。三点に要約すれば、①「自分のことは自分でする」ことが原則で、その基本には一人で生きる姿勢が必要。周囲を気にしないで自分の好きなテンポで暮らす。②一人になって困ることは話す相手がいないこと。この孤独に耐えるためには「一人で遊べる習慣」を作る。誰がいなくてもある日、見知らぬ町を一人で見に行くような孤独に強い人間になる。③人が自分にしてくれることを期待せず、むしろ自分が人に尽くすことを考え、実践する。それが生きがいにもなるという。

「限界集落」は六十五歳以上の高齢者が住民の半数を超えた集落のことで、道路の維持や冠婚葬祭など長年続いてきた住民同士の助け合い機能が衰え、やがて無人化して消滅する恐れがあるとされている。二〇〇六年の調査では全国に七千九百ヶ所があり、お遍路の旅をしていると四国でも急増している状況にあることが実感として伺える。人口減少、少子高齢化の進展は四国だけではなく、我が国全体にとって深刻な問題である。

二十番鶴林寺《かくりんじ》へは立江寺から勝浦川沿いに十四キロ。阿波で二番目にきついとされる難所である。桓武天皇の勅願によりこの地で修行中のお大師さんが開創したと伝えられる。

鶴林寺の麓での宿泊は「ふれあいの里・坂本」。数年前に廃校になった小学校を宿泊施設に改修したもので、風呂などの設備もよく、みんな親切で山間部を歩くので翌日の昼食用におにぎりも作っていただいた。場所は鶴林寺上り口から約七キロほど奥に入ったところにあるが、その間は車で送迎してくれるので苦にならない。口コミでその良さが伝わり、歩き遍路には欠かせない遍路宿になっている。

鶴林寺の上り口を出発して、「水呑《みずの》み大師」を経て厳しい上りが続いたが、山門に到着すると仁王像の代わりに二羽の鶴に迎えられ、さらに本堂では二羽の優美の鶴の姿に心を癒された。

本尊は立江寺と同様に地蔵菩薩。雌雄二羽の白鶴に守られた小さな金色の地蔵菩薩像を発見したことから鶴林寺と名付け、二十番札所と定めたと伝えられる。山頂にあって「一に焼山、二にお鶴」と呼ばれるように阿波の難所の一つである。

経済発展は人間の幸福の手段であるにすぎず、一定の限度に達すればその必要性は薄れ、物質以外の精神的なものの価値が増してくる。しかし我が国は戦後明確な目標もないままに「限りない経済成長」を目指している。こうしたことが欧米諸国から「ガツガツしている」とか「エコノミック・アニマル」と評される一因なのかもしれない。しかし、最近では経営者自ら「経済成長至上主義」に対して疑問を投げかけ「ＧＤＰ（国内総生産）を伸ばすのに疲れた。その割にみんな幸せでない。何のために成長を続けるのか、新しい指標を模索すべきだ」と経済成長至上主義への反省の弁も聞かれるようになってきている。

物質的なものは求めてもキリがない。ある程度のレベルで満足し、多くの人々は、物質的な豊かさよりも心豊かな生活や充実感を求めているように思う。人間の心の渇きを癒すのは物質的なものだけではなくて、心の世界が必要だとようやく気づきはじめた。

鶴林寺本堂前の鶴の像

多くのアメリカ国民は、日曜日に教会に行き牧師の説教に耳を傾ける。アメリカのドル紙幣には「我々は神の名において信頼する」と印刷されている。日本の通貨にはそういう言葉は一行もない。アメリカの市場原理は「見えざる神の手を信じる」という思想のもとで規制を撤廃し、自由にやらせておけば弱肉強食の修羅場になりかねないけれども、その時は神の「見えざる手」がきちっと秤《はかり》を元に戻してくれるから信頼して自由競争をせよという考え方が根底にある。「市場原理を支えているのは宗教感覚なのである」との指摘に納得できる。

ビル・ゲイツは、マイクロソフト社の会長で基本ソフトウェア

「ウィンドウズ」を世界中のパソコンの九割以上に搭載させ、年商五兆円以上の巨大企業に成長させた。その彼が五十歳で経営の一線からきっぱりと身を引き、一方「ビル&メリンダ・ゲイツ財団」を作り慈善事業に取り組んでいる。「事業で得た利益は社会に還元する」というのがゲイツ家の教えだったそうだ。資本主義を支えている精神的バックボーンは、①多くを稼げ（勤勉）。②多くを蓄えよ（節約）。③多くを施せ（社会還元）、という三つの柱からなっている。

勤勉に働き、質素に暮らし、多くを施す。これがプロテスタントの倫理として根底に横たわっている。儲けるばかりではなくどんどん社会還元して行くことが基本になっている。経済活動の根底を宗教的感覚が支えていることが伺える。翻《ひるがえ》って我が国の企業には「多くを儲ける」という考えは強いとしても、「多くを施す」という考えや企業の社会的責任を果たすという考え方はほとんどない。欧米諸国と異なって、宗教的感覚が日本の社会からも資本主義からも欠けていることはたしかなように思う。

二十一番太龍寺《たいりゅうじ》へは六・五キロ。しかし、問題は距離ではない。急な山を下りそして上る難所である。鶴林寺の急坂を下り太龍寺に向かうとき、那賀川《なかがわ》に架かる「水井橋《すいいばし》」を渡る。大正七年（一九一八）九月、「逆打ち」を行った高群逸枝《たかむれいつえ》は「太龍寺山を降りていくこと三十丁。那賀川の渡し船場に着く。水はやや多けれども、さして激しからず。無事に対岸に上がることを得」とあり、渡し舟で対岸に渡ったことが記されている。それはいまから九十年ほど前の昔のことであった。「水井橋」を渡ったあと、太龍寺に向かう遍路道沿いの小川に清流が流れ、岩魚《イワナ》が泳いでいる。ウグイスが「ホーホケキョ」と鳴いている。平坦な山道がつづき、山桜も咲いている。こんなに山奥なのに、一軒家の農家が建っていた。川沿いの遍路道が二キロほど続いたあと険しい登りになる。案内板に「これからあと一六七〇メートル」とあり、そこから急な上りとなり、あえぎながら上る。遍路道沿いに一丁ごとに建てられた「丁石」は、十四世紀の南北朝時代のものといわれ、この時代から参詣者が多かったことが伺える。やっとのことで山門に到着したが、さらに本堂までもかなりの距離がある。苦しさと楽しさは表裏一体の関係にあり、苦があるから楽があり、楽があるから苦がある。そして苦しければ苦しいほどその結果得られる喜びは大きいものとなることを実感した。修行に厳しさはつきものである。境内は桜、しだれ桜、モクレンが花盛りで納経所の前のベンチに座っておにぎりをおいしく食べた。今朝「ふれあいの里・坂本」で作っていただいたおにぎりである。

太龍寺は標高八百十八メートルの太龍寺山の山頂にあり、お大師さんが青年時代に大自然の中で苦行修行を積み、深い宗教的な体験を重ねたところである。後になってお大師さんが高野山を開創したのも、青年時代の修行によって得られた体験に基づくものといわれ、太龍寺が「西の高野」と呼ばれる所以《ゆえん》である。

お大師さんが生きた時代の特徴として、次の三点を挙げることができそうである。まず第一に、中国の唐の都である長安にならって平安京が誕生したのが七九四年。お大師さんは七七四年生まれなので二十歳の時に平安京遷都を迎えたことになる。つまり、大まかにいえば千二百年ほど前の平安時代の初期のことである。

次に、同時代に生きた人として最澄《さいちょう》がいる。年齢的には最澄の方が七歳年上であるが、ほぼ同時代に生きた人間ということができる。二人はともに平安時代初期の仏教界を代表する指導者で最澄は比叡山に天台宗を開き、お大師さんは高野山に真言密教を打ち立てている。

第三に、当時は唐の都・長安から思想や文化をはじめとして諸制度を導入し、模倣する風潮が強かったことである。そのために十五回にも及ぶ遣唐使が唐に派遣され、延暦二年（八〇四）にお大師さんは最澄とともに唐に留学生として渡り、長安の青龍寺で恵果から密教を学び我が国に真言密教の体系を伝えている。

境内でゆっくりと過ごしてから下山して民宿龍山荘《りゅうざんそう》に向かった。目の前に棚田が夕日に照らされて輝いていた。立江寺を朝六時に出発し難所の鶴林寺、太龍寺を経て龍山荘まで歩きとおした二人の女性のお遍路さんもいた。一人は中年、一人は若者であったがその気力、体力には感心させられた。夕食後部屋に戻るとＮＨＫの「クローズアップ現代」が放送されていた。テーマは「日本人の英語力の向上」。円高による製造業の海外移転に伴い多くの企業で英会話が業務を遂行する上で必須の要件になっていることが報じられていた。しかし、多くの日本人は中学生以来ずっと英語を勉強してきているのにしゃべれない。その原因の一つは英語が意思疎通の手段というよりも受験英語と化していて会話がほとんど重視されてこなかったこと。また明治以来外国の技術や文化を導入するために外国語を日本語に翻訳することに重点が置かれてきたことにあるように思う。

ダニエル・カールさんはいう。「日本の英語教育は完璧主義になりすぎた。数学と同様にちょっと間違えただけでバツになってしまう。日本は西洋技術を学ぶために明治時代からずっと翻訳の仕方ばかりを教えてきた。でも英語って意思疎通の道具。多少ミスしても意味が通じれば十分。人の国際化も進んでいるのに一番頭の固いのが大学。オバマさんではないけれど日本の大学にいいたい。チェンジが必要だと」。たしかに英語がコミュニケーションの手段であるとすれば、会話ができることが必要不可欠だと思う。大学入試が英会話を重視するようになれば様相は一変するにちがいない。

二十二番平等寺《びょうどうじ》へは十一・七キロ。「阿波の一国参り」も終盤に近づき、残すところは平等寺と二十三番薬王寺《やくおうじ》だけになった。

平等寺に向かう途中、阿瀬比《あせび》で国道一九五号線を渡って直進すると左手に遍路小屋が立っていた。「お遍路さん、自由にお休みください」とある。地元の人々のお遍路に対する温かい気持ちが感じられてうれしい。しばらく休憩のあと、細い遍路道に入り、あぜ道や農道を経て上り道に差し掛かる。やがて標高二百八十八メートルの頂上付近に達すると、なだらかな遍路道となり、落ち葉にうずもれた遍路道は足にやさしく、ウグイスの鳴き声を聞き満開の山桜をめでながら遍路道を歩くことは、実にすがすがしい。

この大根峠《おおねとうげ》の遍路道は、お大師さんが歩いたことを彷彿とさせるお気に入りの遍路道である。この地域は竹の子の特産地のようで、大根峠も後半になると一面に見事な竹林があった。阿南市内では約六百戸の農家が約六百ヘクタールで生産しているそうだ。やがて遍路道を下って集落に出ると、まだ四月上旬だというのに近所の農家の主婦がすでに「畦つくり」をして田植えの準備をしていた。「この地区は早場米《はやばまい》地帯なので、お盆過ぎには稲刈りをする」「大根峠は地元では『おねとうげ』と呼んでいる」「竹の子の価格が近年下がっているので、掘らずに放置されている竹林が多い」「平等寺へはここから十五分ほど」とのこと、見知らぬ地元の人々に親切に案内していただいた。

桑野川に沿って東に進んでいくと、左手に新野《あらたの》の平等寺が姿を現した。山門を入ろうとする時、「お四国さんですか。ご苦労様です。これはお接待です。どうぞ受け取ってください」と千円紙幣を渡された。高額のお金を受け取ることに戸惑ったが、お接待はお遍路さんではなく、お大師さんに対するものだから断ってはいけないということを思い出して納め札を渡し、お札をいいながらありがたくいただいた。しかし、あまりに尊いので使うことができずに他の資料とともに現在でも保存したままになっている。

人生観や生き方等を含めて人間として生きて行く上で大切なことを教えてもらうことができたらと仏教に寄せる期待は少なくない。しかしながら現実の仏教の姿は多くの場合、葬式と法事のいわゆる葬式仏教になってしまっている。仏教＝死、仏教＝葬式といった暗くて陰気で不幸の象徴のようなイメージを与えているが、これでは国民とりわけ若者からそっぽを向かれても無理からぬことである。さしあたり、問題点を二点ほどあげればお経と戒名がある。

お経といえば、もっぱら葬式や法事の時に接するので、あたかも命を終えた者を「浄土に送り届けてもらう呪文」のように受け止められている。しかし、般若心経の「こだわるな」という教えは「現実に生きている人」に対して向けられていることは明らかである。というのは「命を終えた者」に対して「こだわるな」といい聞かせたとしても意味がないからである。

また戒名に関しても、生前ではなくて亡くなってからつけてもらって「仏教徒として生きる」

といわれてもよくその意味が理解できない。要するに、本来の仏教は現実に「生きている人間」のためにあるが、現実の仏教は「命を終えた者」のためにあるかのようだ。これでは本来仏教に期待されている役割を充分に果たしていないといわれても仕方あるまい。

人間の一生の出来事としては三つある。つまり、生まれること、生きること、そして死ぬことである。死ぬことが人生最後の出来事でそれなりの儀式が執り行われることは理解できる。問題は、仏教が人生の最後の局面だけに姿を現し、生きている間にはほとんど姿を現さない現状である。我々は何かを必死で求め、自分達が生きていく上での確信のようなもの、生きていく支えになるような強いバックボーンがほしいと思っている、それを求めてみんなが模索しているけれどもまだ見つかっていない状態が続いている。それだけに現実に生きている人間に心のよりどころを与え、人間としていかに生きるべきか、そのコツを教えてほしいと本来の宗教への期待には大きいものがある。

仏教は元来、人がどのように生きれば心の安らぎを得て生きることができるのかという「現実に生きる人」のためにお釈迦さんが説かれた教えだという。しかし、「現在の日本の社会では「仏教」という言葉から連想するものは残念ながら「葬式」「法事」であり、「死後の世界」である。

お釈迦さんがいっていた「生きている人々の宗教」から「死する者への宗教」に大きく変わっていき、それがいまや当たり前になっている。もう一度原点に立ち返らなければこれからの仏教はないと思う」との考えに共感を覚える。

二十三番薬王寺《やくおうじ》へは二十・七キロ。しかし、これは国道五五号線（徳島市から高知市に至る国道）を経由した場合であって、由岐《ゆき》に出て海岸沿いのコースを取れば二・七キロほど長くなる。薬王寺は日和佐《ひわさ》の町を見下ろす山の中腹にあり、「発心の道場」としての阿波路最後の札所である。この薬王寺は聖武天皇の勅願により行基菩薩が開創。その後お大師さんが自他の厄除けを祈願して薬師如来を刻んで安置し、二十三番札所と定めたと伝えられる。仁王門を入り、三十三段の女坂と四十二段の男坂を上がっていくと本堂に出る。四国は特に厄除けの風習が強く残っている土地柄であるが、その中でもこの薬王寺は「厄除けの寺」として知られ、県内のみならず香川県や高知県からの参拝客も多い。厄年は女三十三歳、男四十二歳に当たり、その厄除けの際、厄年の人はワラジにはきかえ、一段上がることに一円玉を落としながら階段を上がる風習があって、階段のそこらじゅうに一円玉が散らばっている。

日和佐町周辺の真言宗のお寺には一円硬貨を投げて故人の冥福を祈る「投げ銭供養」という珍

しい行事が伝えられている。それは僧侶が過去帳を読み上げ自分の家族や親族の名前が読み上げられると参拝客はバケツ一杯に入れた一円玉を特別に設けられた板囲いの賽銭箱に力一杯に投げ込み故人の冥福を祈る行事で、室町時代中期の一四二四年に薬王寺で行われたのがはじまりとされている。

平成二十五年（二〇一三）四月下旬から五月上旬にかけて四巡目の際は、天候に恵まれ新調した雨具を使う機会もなかった。仮に四月を桜の季節だとすれば、五月はフジ、ヤマツツジ、シャクナゲが見事であった。また四月には四月の良さがあるように、五月には五月の良さがある。どちらかではなく、どちらもそれぞれにすばらしいことを実感した。いい換えれば、例えば「四月がよい」というように「とらわれてはいけない」「思い込んではいけない」ことを学んだように思う。

阿波路の前半は山が多いが、最後の札所である薬王寺に至る遍路道は由岐町など一転して青い海が左手に広がり海沿いのすばらしい景観が展開する。「左は海」。四国の遍路道では時計回りに巡るので青い海を左手に見ながら歩くことになる。それは太平洋側でも瀬戸内海側でも同じである。その途中に「薬王寺まで六・二キロ」との案内が目にとまった。この案内を見て「もう」と思うか「まだ」と思うかでは、大きな違いがある。たとえ対象は同じであったとしても、心の持ち方や受け止め方によって大きく変わるものであることに気づかされる。

第二章　土佐（高知県）

（1）何事も実践しないと分からない

土佐は二十四番最御崎寺《ほつみさきじ》から三十九番延光寺《えんこうじ》までの十六ヶ寺があるが、その距離は四百三十キロにも達し、四国四県の中では最も長い。

薬王寺から最御崎寺までの距離は八十三キロに達する長い道のりで、長い海沿いの道が延々と続く。行けども、行けども海ばかり。一つの岬を回るとまた向こうに岬が見えてくる。その岬をひたすらに歩く。札所の中では足摺岬の金剛福寺（八十七キロ）に次いで二番目に長く、その途中二泊しなければ到達できない。現在は国道五五号線をただひたすらに歩くだけで、身の危険はまったく感じないが、現在の国道ができるまでは四国随一の難所、それも身の危険を感じる難所であった。

牟岐《むぎ》町にはいると入り組んだ海岸線が七キロにわたって続く。その途中に番外札所の鯖大師《さばだいし》がある。鯖大師には奈良時代に行基菩薩が訪れ一泊した。翌朝鯖をたくさん積んだ馬を引く男に出会った時、「一匹下さい」と頼んだが男は断った。すると馬は急に腹痛をおこして動かなくなった。男はあわてて行基に鯖を差し出すと馬の腹痛は治る。

これらの伝説の根底には勧善懲悪《かんぜんちょうあく》の思想、つまり貧しい人、飢えた人には施しをしなければならないという教えが込められているようだ。

県境の水床トンネルをくぐれば徳島から高知県へはいる。四国の方言は阿讃予方言（阿波弁、讃岐弁及び伊予弁）と土佐方言との二つに分けられる。阿波、讃岐及び伊予三県の言葉が似通っているのは交通の妨げになる大きな山脈や大河がないためであろう。ＮＨＫの「龍馬伝」でおなじみになった「き」は、原因や理由を表す言葉で土佐弁として有名なフレーズである。「お願いやき、やめてつかあさい」（おねがいだからやめて下さい）。この「き」を「けん」に置き換えると阿波弁（讃岐弁、伊予弁を含む）と似てくる。「ほだけん、行ったらあかん」（だから行ってはいけない）というように。

「甲《こう》の浦《うら》から先は修行道」といわれる長丁場。野根《のね》を過ぎてしばらく行くと「伏越岬《ふしごえみさき》」。ここから先は「右は山、左は海。どこまでも、どこまでも右は山、左は海」と呼ばれる荒涼とした海岸線が「入木《いるき》」まで続く。距離にして九キロ、歩いて二時間半。人家もなく、ただあるのは山と海と空だけ。右手の急斜面の山が太平洋に落ち込んでいるので、その昔お遍路さんは波が打ち寄せる海辺を歩くよりほかなかった。海辺の飛び石、はね石を伝い歩くなかで足を滑らせて波にさらわれたお遍路さんもいたという。潮が満ちてきても避難すべきところもなく大いに身の危険を感じたにちがいない。

そして「伏越岬」の浜の石は、ゴロゴロ石。波が強くなると寄せる波、引く波に巻き込まれてゴロゴロと鳴る。案内版に「大正時代末までは野根《のね》から先二十四番札所までの道路が整備されておらず海岸沿いに〝ゴロゴロ石〟〝跳び石〟〝跳ね石〟という足場の悪いところを歩いていく状態でした。満潮で海岸沿いが歩けない時は野根で昼根をして翌朝に野根山を越えて行った」とある。昔のお遍路さんの難行苦行振りが伺える。

「ゴロゴロ石」海岸を過ぎると、右手の山手に「法界上人堂《ほっかいしょうにんどう》」。「谷川の水があります。ゆっくりと休憩して下さい」と書かれている。清水を両手ですくって飲んだ。ペットボトルも飲み干して喉が渇いていただけにそのおいしさ、ありがたさは格別であった。

やがて佐喜浜町《さきはまちょう》の集落に入り民宿ロッジ尾崎が見えてくる。女将さんに「疲れたでしょう。どうぞお二階へ」と案内される。「お風呂をどうぞ」の声でお風呂に。汗と疲れを流してすっきりくっきり。夕食は一階の玄関に続いたホールでお遍路さんと一緒に歓談しながらいただいた。二階の部屋からは国道を挟んで太平洋が開けていて、澄み切った夜空に満月が輝いている。

翌朝、出発する時には姿が見えなくなるまで見送りを受けた。室戸岬の御蔵洞《みくろど》に到着し、海岸の遊歩道を散策。お接待のおにぎりを昼食にいただいた。添え書きに「昨日は遠い道のりをお疲れさまでした。足の具合はいかがですか。少しですがお接待です。どうぞお体に気をつけてお参り下さい。この度は遠方よりありがとうございました」と記され、おにぎり、バナナ、みかん、モナカに濡れタオルまでが添えられていて心がこもっていた。

最御崎寺本堂

ビワの産地である室戸岬に近づいた時、自転車に乗った主婦の方が「お遍路さん、お疲れ様です。お接待です。冷たいものでも飲んで下さい。今日の私の『一日一善』です」といって二百円を差し出し、ありがたくいただいた。「一日一善」を実行することは難しいことであるが、あたかも「一日一善」ができたことに感謝しているかのようであった。お接待はモノではなく、心である。歩いているお遍路を四国の人がどれだけ救っていることか。お接待は人を蘇《よみがえ》らせる力を持っている。困っている時に助けられたり、親切にされたりするととてもうれしいものだ。そして今度は自分も同じようなことを人にしてあげたいと思うようになるのは、人間として自然なことだと思う。

御蔵洞を過ぎて、登山口に差しかかる。その坂はきつく六百メートルを三十分かけてやっと最御崎寺の山門に出た。この札所の名前の読み方は難しく、これで「ほつみさきじ」と読む。山門をくぐると正面に本堂、その左に納経所、右に多宝塔、手前左に大師堂がある。本堂には本尊の薬師如来と脇仏として日光《にっこう》、月光《がっこう》菩薩が安置されている。日光菩薩が「知恵」、月光菩薩が「慈悲」をそれぞれ表しており、「知恵」は知識だけではなく実践することの大切さが説かれ、他方「慈悲」は人のため社会のために尽くすことの大切さが説かれている。

最御崎寺には「食わずの芋」という言い伝えがある。お大師さんが四国巡拝の折、室戸岬の近くにきた時、おばあさんが小川で芋を洗っていた。そこを通りかかったお大師さんはお腹が空いていたのでおばあさんに「済まないがお芋を一ついただけないだろうか」と頼んだ。すると、ケチなおばあさんは「この芋は硬くて食べられません」といって断った。お大師さんは仕方なくあきらめてその場を立ち去った。おばあさんは「ああ、良かった。一つ減るところだった」とつぶやき家へ持ち帰って早速煮込んだ。

ところが食べようとすると硬くて食べられない。これ以後おばあさんのところの芋は、何度作っても硬くて食べられなくなったという。この言い伝えは「自利」つまり自分のことばかり考えて生きるのではなく、他人のために尽くすこと、つまり「利他の心」の大切さを諭しているかのようだ。お遍路とは「利他の心」の大切さを身をもって学ぶことでもあると思う。その「食わずの芋」は現在でも本堂の右手にある。

二十五番津照寺《しんしょうじ》へは六・八キロ。室津《むろつ》の港町を見下ろす小高い丘の上にある津照寺は、地元では一般に「津寺《つでら》」と呼ばれている。本尊の楫取《かじとり》地蔵は船の舵を操り安全に導いてくれるといい、船乗りにとってはこの上なくありがたいお地蔵さんである。言い伝えによると、慶長七年（一六〇二）土佐藩主の乗る船が室戸岬沖を航行中、暴風雨に見舞われた。遭難しかけたところへ一人の僧がどこからとも現れて船の舵を巧みにとって全員を無事に室津《むろつ》港へ避難させることができた。それ以来「楫取地蔵」と呼ばれるようになり、海上の安全と豊漁にご利益があるとして多くの人々がお参りするようになった。現在でも毎年七月と正月に「海上安全祈願祭」が開催され、最近では家庭円満の「舵取り」もするとかしないとか。

戦後我が国は経済発展中心の世の中でもっぱら物質的なもの、目に見えるものを重視してきた。目に見えないものは非科学的という理由で排除されてきた。しかし人間は生きた存在で、心と体が深くかかわり合って人の命を支えている。

しかし、心は必ずしも形があるわけではないので目には見えない。客観的なものでもなく、証明できるものでもない。しかし目に見えないからといって「心が存在しない」と決めつけることはどう見ても合理的ではないばかりか実態ともあわない。人間は単に科学の世界や物質の世界だけで生きているのではないから。「本当に大切なものは目に見えない」という。物質的なものを重んじ、「目に見えないもの」を軽んじてきた弊害があちこちに現れている。物質的な豊かさだけでは人間は幸福や生きがいを実感できないことが分かり、もっと精神的なもの、目に見えないものの大切さにやっと気づきはじめた。多くの人々は物質的なものよりも心のよりどころや生きがいを求めて生きている。時代は確実に「目に見えるもの」から「目に見えないもの」へと流れているようだ。

二十六番金剛頂寺《こんごうちょうじ》へは四キロ。室戸には青年時代のお大師さんの修行時代を彷彿《ほうふつ》とさせるものがあるが、地元では最御崎寺を「東寺《ひがしでら》」、金剛頂寺を「西寺《にしでら》」と呼んでいる。金剛頂寺の宿坊は料理が御馳走であるばかりではなく、お遍路同士の交流の場が設けられていて歩き遍路の人気も高く、お遍路に行くたびに「民宿ロッジ尾崎」の翌日の宿泊場所として利用した。

ある住職さんは「歩いてお参りするのと車で回るのとでは自然をどう感じるかが違う。歩いて回れば自然との一体感があるはずです。自然の中で自分をみつめる。他の生きものも人間も一緒なのだという思いがわく。自分は自分一人で生きているのではないと思う。そう思えてくるのは歩いてこそではないでしょうか。自然との融合、これが一番です」と語る。自然の中を歩くことで自分を磨く。自分に向き合う。そういう修行の大切さが説かれている。

お遍路の基本は歩くこと。しかも「同行二人」といってお大師さんと一緒に歩く、つまり専ら一人で歩くこと。七十センチの歩幅の人が七キロ歩くと足を一万歩動かすことになる。仮に一日二十八キロ歩けば四万歩を繰り返すことになる。四国の豊かな自然の中を歩き自己と向きあうことによってお遍路は自然のすばらしさを知る。これまでの自分の人生を見直すチャンスを得る。いままで知らなかった自分を知る。人生の意味を知る。そしてそれは「生きることとは何か」ということにつながって行く。「心を柔らかくする妙薬があるとすれば、その筆頭は歩くことである」といわれている。

我が国は戦後民主主義社会になったとはいえ、それは自分達で考え出した思想でもなければ苦労して勝ち取ったものでもない。戦後アメリカから与えられ、敗戦後広まったものにすぎない。フランス革命をみれば分かるように、どこの国でも民主主義を獲得するために旧体制と戦い、国民は自ら血を流すなど多大な犠牲を払っている。そういうプロセスを経てはじめて人権とか個人の自由といった思想が生まれてくる。その点に関しては、我が国の民主主義は自ら「奪ったもの」ではなく「与えられたもの」で、国民の心の奥底まで民主主義の思想が沁み込んでいるわけではない。民主主義社会といっても非常に未熟なもので、表面的で形式的なことが多く、脆弱で壊れやすい。古代ギリシャまでその起源を遡るといわれるヨーロッパの民主主義に比べて歴史も浅く、考え方にも大きな違いがある。

民主主義の根本は互いの自由を認めて相手の立場を尊重することである。自分のことを棚にあげて他人のことを責めるに急なところでは、決して真の民主主義は成り立たない。「相手への配慮」ができるかどうかは、人間の持つ特性の一つで、他の動物との主要な相違点でもある。

生活が豊かになるにつれて、何をしてもかまわないような身勝手で自己中心的な風潮が強まっている。自由ばかりが前面に出て責任の部分をほったらかしにした自分勝手な社会は、民主主義社会ではない。自由とは勝手に何でも好きなことをすることではなく責任が伴う。同様に権利と義務は表裏一体の関係にある。自分にとっての権利は相手にとっては義務であり、権利が独立して存在しているものではない。権利は主張、義務は棚上げを主張するような一方的で自己中心的な考えは、民主主義にはなじまない。

最近世の中で強く感じていることは、身勝手な自己中心的な行動が目立つことである。その原因を考えると「自己と向き合うこと」が我々に決定的に不足しているように思う。「自己と向き合う」とは自分を客観的に見ることである。我々は「自分と向き合う」ということをほとんどまったく経験しないままに大人になっている。結局のところ、各人が自分と向き合い、自分というものをしっかり持つことが民主主義の出発点であると思う。

金剛頂寺から二十七番神峯寺《こうのみねじ》までは三十一キロもあり、一日がかりの歩きとなる。麓から山上のお寺まで往復するのに三時間かかるので、遅くとも麓に午後三時半までに到着しないと上れない。

神峰寺のある安田町は、隣の安芸市とともにナスのハウス栽培が盛んな地域で「このあたりは過去に先駆者がいて促成栽培の技術をこの地方に導入したためにほかに先駆けて野菜栽培が盛んになった」と麓の看板に紹介されていた。施設園芸が盛んな高知県は、ナス、ショウガ、ミョウガ、ニラ、シシトウの生産量が全国一を誇っているが、特徴的なことは地域区分がはっきりしていることで、ナスは安芸市、ショウガは土佐市、窪川町、ミョウガは須崎市というように、歩いているとその変化に気づかされる。

パンフレットには次のように記されている。「海抜四百五十メートルの位置に立つ仁王門。ここに至る参道は昔から「真《ま》っ縦《たて》」と呼ばれる急坂が一キロ余りも続き、「修行の道場」とされる土佐の中でも難所中の難所とされてきたが、最近では小型バスも通る道路が整備されている」とあった。そうしたことから「土佐の関所寺」と呼ばれている。太平洋を一望する緑豊かな神峯山。境内は手入れが行き届き、春の桜、フジなど四季折々の美しい花木が境内を彩り、本堂へ上る石段のところには「土佐の名水」と呼ばれる「神峯の水」がある。思わず口をつけると冷たい山水で大変おいしかった。

神峯寺は三菱財閥を築いた岩崎弥太郎の母が、幕末の頃、我が子の立身出世を願って二十一日間お参りし、往復四十キロの道のりを「裸足詣《はだしもうで》」したことで知られている。この母の願いは聞き入れられて弥太郎はやがて大成し、四十三歳で我が国の海上運輸の王者になり、三菱財閥の基礎を築いた。あとになってこのことを知った弥太郎は、神峯寺に山林を寄進しその恩に報いたという。おなじみの三菱のシンボルマークであるスリーダイヤは、岩崎家の家紋「三階菱」と土佐藩山内家の家紋「三つ柏」を融合して作ったものとされている。

岩手県雫石町にある小岩井農場の名前は、「小野」、「岩崎」、「井上」の三人の頭文字をとってつけられている。小野義真は高知県宿毛《すくも》市出身。大坂に蔵屋敷を開設、帆船宿毛丸を調達して物流の拡大を図り、岩崎弥太郎とタッグを組んで実業家として新しい時代に漕ぎ出した。小岩井農場創設者の一人井上勝は、明治時代に鉄道庁長官を務め「鉄道の父」と呼ばれる。東北本線の開通に伴いこわされた自然や田畑を復元するために新たな農場を建設したいという井上勝の構想に小野義真と三菱の岩崎弥之助（弥太郎の弟）が援助を買って出て小岩井農場ができた。従って小岩井農場は三菱系で、その本社は東京の丸の内にある。

我々は頭の中で考えるばかりで、行動に移さないことが多い。そうしているうちに時間は足早に過ぎ去ってしまい、あとになってあの時さっさと行動しておけばよかったと後悔したりする。たとえば、新聞によい記事が載っていたので切り抜きをしようと思ったら、その時にしておく必要がある。あとで一緒になどと考えて後回しにするとその記事はどこかへ行ってしまって見つからないこともしばしば経験することである。後になって「あの時ああしておけばよかった」と後悔してもあとの祭りではじまらない。時間は一方的に過ぎ去ってしまうばかりだから。たとえ頭の中で良い考えが浮かんだとしても実行に移さなかったら何にもならない。

なにごとにつけても重要なことは実践すること。そうすれば、当初できないと思っていたことが案外簡単にできてみたり、反対に簡単にできると考えていたことが予想外の困難にぶつかったりする。いずれにしても、実践してはじめて色々なことが分かるのだからとにかく動き出すこと、実践することが何よりも重要になってくる。「思い立ったが吉日」という言葉があるように、思いついた時にさっさと行動に移すことが大切である。

作家の宇野千代は「頭で考えることは何もしないことである。私たちは頭で考えるのではなく、手で考えるのである。手を動かすことによって考えるのである」と述べ、「行動することが生きることである」と実践、行動の重要性を指摘しているが、頭に浮かんだことはあれこれ思案を巡らすことなしにさっさと実践に移すと心は思いのほか軽くさわやかになるものである。結局のところ、人生とはとにかく動き出すこと、行動することであると思う。人生を少しでも実り豊かなものにするためには、まず内から外へと飛び出すことが大事である。

「英雄とは自分のできることをした人である。これに対して凡人は自分のできることをせず、できもしないことをしようとする」（ロマン・ロラン）、「平凡なことを毎日平凡な気持で実行することが、すなわち非凡なのである」（オースチン）。という。これだというものをつかんだらとにかく実践してみること。感動という言葉は感じて動くと書く。だから感動しても行動が伴わないと仕方ない。「行動して得た経験はその人にとって貴重な財産になる」「やればできる」というたった一つのことを大切にする人間でありたい」「いまできないことは十年経ってもできない。思いついたことはすぐにやる」。たしかにそのとおりである。何事も実践しないと分からない。世の中には実践してはじめて分かることがたくさんあることに気づかされる。

麓の民宿「浜吉屋《はまよしや》」は六十年も続く遍路宿である。女将さんはＮＨＫの番組「四国遍路」を契機に「歩き遍路」が増えたこと、納経時間が夕方の五時までに定められたことによってバス遍路の多くは高知市内のホテルに泊まるようになったことなどお遍路の歴史の変遷に詳しい。早朝、食事を出してお遍路さんを送りだした後、掃除、洗濯、布団干し、団体客の昼食を作ったら風呂を沸かし、夕食の支度と休む暇もない忙しさのようであるが、「お大師さんのおかげで元気です。ありがたいことです。」と元気に語っている。

（２）人生八十パーセント主義

神峰寺から二十八番大日寺《だいにちじ》までは三十八・三キロと長い道のり。安芸から夜須、赤岡などを通り抜け大日寺を目指す。安芸を過ぎる頃で気づいたことは、できるだけ早く左の海沿いの遍路道に入ること。交通量の多い国道五五号線ではなく、海沿いに設けられているサイクリング専用道を歩くことである。つまり、車の通る国道と旧遍路道の選択が可能な場合は、まず遍路道を選択することである。左手に雄大な太平洋を眺めながら、海岸沿いに続いている遍路道を歩くと実に心がさわやかになる。サイクリング専用道の終わり近くに民宿住吉荘がある。すぐ目の前が住吉

港で景色が良く、料理もおいしく、何よりも心温まる遍路宿である。

大日寺は、パンフレットによると「天平の昔、行基菩薩が開基、弘仁六年（八一七）、弘法大師によって再興された。本尊は大日如来。奥の院は『爪彫薬師《つめぼりやくし》』として有名で、明治初年（一八六八）にクスノキが台風で倒れたため、その霊木が堂内に祀られている。昔から『首から上の病気』に霊験があると伝えられており、御利益をいただくと穴のあいた石を奉納することが習わしとなっている」そうだ。

たしかに本堂や大師堂を訪れ、そのまま寺を後にする参拝者が多い。しかし、境内の東にひっそりたたずむ「奥の院」は知る人ぞ知る名所になっている。ここはお大師さんが自分の爪でクスノキの立木に薬師如来像を彫ったといわれる「爪彫薬師」があった場所。明治時代に爪彫薬師の木が倒れてしまったため、いまではその切り株を祀ったお堂が建っている。目や耳、頭など「首から上の病気」に御利益があるとされ熱心な参拝者が訪れ、御利益があれば願いが「通った」ということで穴のあいた石を納めるのが習わしで、お堂の下に何千個もの石がぎっしり積まれている。「奥の院」といっても本堂のすぐ近くで歩いて数分ほどで行けるのでぜひとも訪れたいものである。

作家で精神科医の斉藤茂太は「人生八十パーセント主義」を提唱し次のように述べている。「百パーセントを求める人間は何事にも完璧を求めがちだからどうしても挫折しやすい。仕事も家庭も趣味に関しても求めるものが百パーセントだとすれば、それは不可能に近い。百パーセントを求めすぎると九十パーセントを達成できても不満が残ってしまう。たとえ同じ状況であっても自分の希望を八十パーセント達成できたと満足するのか、百に二十も足りないと不満に思うのかでは精神的にも肉体的にも大違いである。八十パーセントを望むようにすれば毎日の生活がずいぶん気楽に感じられ、結果的に人生が二倍も三倍も楽しくかつ有意義になるのではないか」という。

たしかに世の中にあっては「百点満点」を望んではいけない。自分に対しても相手に対しても。あるいはそのほかのことにせよ、何から何までいいことずくめを望んではいけない。「人間は完全主義で生きる必要はない。ハンドルに遊びがあるからこそ車の運転がスムーズにいくように、人生も適度の遊びやいい加減さがあってはじめて歩みも楽しく、ゆとりあるものになる」のである。

すべてに百点満点を取ろうとすると、どうしても無理が生じる。そもそも人間は「不完全な存在」であるので百点満点などあり得ない。だから百点満点にこだわった人生を送れば、心の平安や精神の安らぎは得られない。「人生の達人になるコツは、自分が完全な存在になろうとするのではなく、肩の力を抜いてあるがままの自分を受け入れることにある」という。

もちろん「八十パーセント」にこだわる必要はまったくなく、たとえ「六十パーセント」であっても「五十パーセント」であっても一向に構わない。大切なことは「完全」とか「完璧」とかを求めないこと。「完璧を望んで不満を抱くより適度に望んで満足を得る」方が気持ちも安らぎ、心も軽やかなものになるにちがいないから。「人生八十パーセント主義」は、人生を前向きに積極的にそして行動的に生きる上において大いに役立つ「知恵」だと思う。

近年ハンバーガーのマクドナルドの店舗の閉店が相次いでいる。囲碁の帰りなどにおやつ代わりに気軽によく利用していただけに残念だ。マクドナルドは語源的には「マック＋ドナルド」に分解される。ところで「マック」がつく姓は主にスコットランドにあってイギリス（イングランド、ウェールズ）にはない。マックは「息子」（または子孫）という意味のケルト語である。従って我が国でもおなじみのダグラス・マッカーサーは「アーサー王の子孫」、スティーブ・マックイーンは「女王の息子」という意味になり、同様にマックドナルドは「ドナルドの息子」という意味で、いずれもスコットランドの出身であることが伺える。

そのスコットランドはイギリスの北部に位置し、人口は五百三十万人。「蛍の光」「故郷の空」「アニーローリ」などのスコットランド民謡は我々にもなじみが深い。ＮＨＫの朝の連続ドラマ「マッサン」でもおなじみである。そのスコットランドでイギリス連邦からの独立の是非を問う住民投票が二〇一四年九月に行われた。独立に賛成は四十五パーセント、反対は五十五パーセントで、独立反対派が多数を占め、イギリス連邦に残留することが決まった。反対派からすれば、国家の分断を回避し、賛成派からみると積年の夢の実現が遠のいた。それにしても、独立賛成派が四十五パーセントを占めたことは根強い動きとして注目される。

二十九番国分寺《こくぶんじ》へは九・〇キロ。天平十三年（七四一）に行基菩薩が本尊の千手観音を刻んで創建し、のちにお大師さんがこの地を訪れて真言宗の寺として再興し、二十九番札所と定めたと伝えられる。境内に入ると茅葺きの寄せ棟作りの本堂がある。この本堂は天平時代に創建されたが、その後の火災によって焼失し、廃寺同然になっていたのを長宗我部元親が永禄元年（一五五八）に再建し、その後藩主の山内忠義によって修理されている。外観は天平様式を伝え、内部は室町末期の作風が見られるといい、どっしりとした優雅な建物で、土佐随一の名刹である。

「行く川の流れは絶えずしてしかも元の水にあらず。淀みに浮かぶうたかたはかつ消え、かつ結びて久しくとどまるためしなし。世の中にある人と住家とまたかくの如し」（方丈記）。川の流れを引き合いに出して、人間の命も住家も刻々と移り変わり瞬時も同じ状態にはとどまらないことがうたわれている。「方丈記」に示されている無常感は、古来から現代に至るまで長年にわたって我々日本人の心に横たわっている物の見方、考え方の根幹の一つをなしているように思う。

その昔お釈迦さんは諸行無常《しょぎょうむじょう》ということを説いた。この教えは一般には「世ははかないものだ」という意味に解釈されているが、実際には諸行無常とは万物流転であり、生成発展ということである。お互いの人生、社会のあらゆる面に当てはまる。お釈迦さんが見抜いたように「いのち」あるものはすべて変化する。世の中のすべては移り変わっている。一時も同じ状態ではない。それを「無常」という言葉で表現している。

「年々歳歳花相似たり、歳歳年々人同じからず」。花は毎年同じように咲くけれども、それを愛でる人は年ごとに変わっているということを詠んだもので、人生の移ろいやすさがよく表されている。一年や二年ではそれほどの変化は目立たないかもしれない。しかし、十年もするとかなり変わり、三十年もすればすっかり変わってしまう。

遍路道を歩いている時ほど、この無常観を実感させられる時はない。

遍路道に上りと下りがあり、天気にも晴れの日も雨の日もあるように、人生も晴れの時も雨の時もある。しかし、共通していることは常に刻々と変化していて、同じ状況は長くは続かないということ。

仮に現在健康に恵まれているからといって、同じ状況は長くは続かない。また仮に人生の順境にあるからといって、いつまでも同じ状況は続かない。また仮に逆境にあったとしても、苦しい時を乗り越えればやがて楽しみが待っている。ひと山越えれば展望が開けてくる。じっと時が来るのを待つことである。いずれにしても、良いことばかりが続くことはなく、同様に悪い状態が永久に続くこともない。

人間の運命は刻々と変わるものである。病気もその他のことを含めてすべて「他人に起こることは自分の身にも起こりうる」ことを肝に銘じておく必要がある。一切のものは流れ、そして何ものも留まらない。自然も常に移り変わり、巡って行く。人間も自然もすべてが常に変化し、万物は流転する。諸行無常、つまり万物流転の思想は古代ギリシャにも中国にもあった。一切のものは変転、生滅するという諸行無常の考え方は、古今東西に共通しているようだ。

三十番善楽寺《ぜんらくじ》へは七キロ。善楽寺は一言でいえば「遍路迷わせの札所」である。というのは奇妙なことに同じ三十番札所を名乗っている札所が二つあるからである。納経帳を見ると「土佐一宮」の下に「本尊奉安安楽寺」「開創霊場善楽寺」というように二つのお寺の名が記されている。昭和のはじめから善楽寺と安楽寺の双方は、自らが札所であるとその正統性を主張して対立していたが、平成六年（一九九四）「三十番札所は善楽寺、安楽寺は善楽寺の奥の院とする」ことでひとまず決着したのは何よりであった。

お遍路は出会いの旅であると同時に気づきの旅でもある。今回の遍路旅で気づいたことの一つは、この世は相反する二つのことから成り立っているのではないかということであった。遍路道を歩いていると、上り坂もあれば下り坂もある。道は直線的ではなく右に左に曲がっている。また晴れの日もあれば、雨の日もある。暖かい日もあれば寒い日もある。

たしかに世の中を見まわしてみると、二つの相反することが成り立っていることが分かる。ブレーキとアクセル、昼と夜、高気圧と低気圧、権利と義務、形式と実質、精神と肉体、目で見えるものと見えないもの、白と黒、善と悪、苦と楽、生と死、男と女という具合である。アクセルが重要であるように、ブレーキも重要である。このように二つのものは相反しているものの、一方がなければ他方も存在しないという相互補完的な関係にあり、いずれかではなく、そのいずれもが大事であることを物語っている。それはまた、次のこと一つを考えても十分に理解できることである。

たとえば、高気圧と低気圧とが交互に通過することによって晴れになったり、雨になったりする。もし高気圧ばかりで、晴れの天気ばかりが続けば、地球は砂漠と化し、植物は全滅し、植物を食べて生きている人間や動物も生存することができなくなってしまう。同様に、もしこれが男ばかり、あるいは女ばかりだったとしたらどうなるだろうか。人間は到底生きて行くことができないばかりか、人類は存続さえも危うくなってしまいかねない。しかもこのような調和のとれた世の中の仕組みを誰が創造したのかといえば、少なくとも人間が作ったことでないことだけはたしかである。地球の成り立ち、四季の移り変り、人体の構造などにしてもすばらしく人知を越えている。人間以外の超越的な力をそこに想定しないと説明がつかない。

竹林寺山門

三十一番竹林寺へは六・七キロ。「サンピア高知」を出発すると遍路道は五台山の牧野植物園の園内に通じていてオミナエシ、カンナが咲き眼下に市内が見渡せる。歩き遍路は入場料無料とのことで竹林寺への通路になっている。本尊は文殊菩薩。数多い札所の中でも文殊菩薩が本尊の札所はここだけである。一般には「知恵の仏」として知られており、ありがたいことに「ここの本尊を拝めば馬鹿でも利口になる」とか。ユーモアたっぷりで微笑ましい。境内には夢窓国師作の庭園や宝物館もある。庭園を拝観した時は紅葉が実に見事であった。宝物館には藤原時代から鎌倉時代にかけての仏像十七体が安置されており、そのすべては国の重要文化財の指定を受けている。その数は高知県下の重要文化財に指定されている仏像の二十五パーセントにも相当し、「文化財の宝庫」といわれている。腕が欠損し、かなりいたんだ薬師如来像の姿を眺めていると、長い風雪と歴史を感じさせられた。また、高知を命名した明鏡上人の坐像も安置されていた。

高知城の天守閣から市内を見渡すと、高知市内が鏡川、久万川など三つの川に囲まれていることが分かる。それゆえこの地はその昔「河内」と呼ばれていた。しかし「河内」はたびたび大きな水害を受けるために「河」の字が嫌われ、竹林寺の本尊文殊菩薩の「高い智恵」にあやかって「高智」と改めた。その後なぜか「智」から下の「日」がとれて現在の「高知」になったとかといわれている。

竹林寺の山門には大きな仁王像が境内を守護するかのように立っている。大きく見開いたギョロ目など憤怒の形相で訪れる人をにらみつけている。しかし、すでに述べたように、仁王像がにらみつけているものは参拝者ではなく、参拝者の心の中にある「煩悩」である。この煩悩が人間がのびのびとおおらかに無心に生きて行く上において妨げとなっているので、これを打ちくだく必要があるという基本的な考え方が仏教思想の根底に横たわっているように思われる。

煩悩とは肉体を守るために必要な欲望、本能のことであり、人間が生まれながらにして具え持つものだから煩悩を完全になくすことはできない。この欲望のおかげで経済が発展し、文化が豊かになったことはいうまでもない。その一方で、物質文明がこれだけ発展しているのに人間の欲望は決して満たされない。なぜなら欲望も肥大化して行くからである。欲望をそのまま放置すれば次から次へと肥大化してしまって手がつけられなくなることもある。従って、欲望を否定するのではなく、欲望を認めたうえで如何にコントロールするかが大事なことになってくる。

前述のように、本尊の文殊菩薩は「知恵の仏」として知られているが、「知恵と知識」とはどのような関係にあるのだろうか。両者は同じもののようにみえるが、良く考えてみるとこの二つは別物である。客観的に存在するもの、目に見えるもの、数量化できるものについて知ることを「知識」といい、自己そのものに内在するもの、つまり主観的事実、目に見えないものを学ぶのを「知恵」という。知恵とは知識や教養ではなく物事を正しくとらえる力のことといってもよい。大事なことは、多くの場合、知識より知恵である。知恵とは「知ることと行うことが一つになっていること」をいう。知識として知っていてもできないのであれば知識だけということになる。般若心経は知識と実践がバラバラではなくて一つになっている世界が知恵の世界であるとして、知識だけではなく実践することの大切さを説いている。「人は単に知っていることによって知恵のある人になるのではなく、それを実践しうることによってそうなのである」。

よく経験するように、歩くなかで何かを思いついたり知恵が生まれたりする。実践の中でヒントを受けたりアイデアが浮かんだりする。学ぶことと実践すること、その両方が大事であることが理解できる。「人生の大きな目的は知識ではなくて行動である」（ハックスリー）という言葉は知識に偏重しがちな生き方への一つの警鐘と受けとめることもできる。住職さんが大切にしている言葉の一つに「坂道を上れば景色が変わる」がある。留まっていては景色はいつまでも変わらない。進まなければ、上らなければ景色は変らない。しんどくてもそれに耐えて坂道を上れば、きっとすばらしい景色がみえてくる。実践すること、行動することの大切さが強調されているのだと思う。

（3）こだわりをやめる

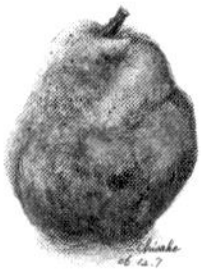

三十二番禅師峰寺《ぜんじぶじ》へは六・〇キロ。禅師峰寺は、聖武天皇の勅願により行基菩薩が開創。その後大同二年（八〇七）にお大師さんがこの地を訪れて土佐の海での航海安全を祈って十一面観音

を刻んで本尊として安置、三十二番札所と定めたと伝えられる。峰山の頂上にあるので地元では「峰寺《みねじ》さん」と呼ばれている。

竹林寺の参拝を終えて下田川沿いに歩いて禅師峰寺を目指していた。昼食の時間もとっくに過ぎていたが、食べるところが見当たらない。「仁井田《にいだ》」で右折した時、喫茶店があった。しかし、運悪く「本日休業日」の看板。お遍路の場合、いつ、どこでも食べられるとは限らない。何時間歩いても食べるところがないことを考慮に入れておく必要がある。また仮に地図に掲載されている食堂や喫茶店もすでに廃業しているところも少なくない。仕方なく次の札所を目指してひたすら歩いていたら、「お遍路さん、お接待です。特産の新高梨《にいたかなし》を食べて行って下さい」とのお接待を受けた。新高梨は新潟と高知の梨を掛け合わせてできた大きな梨であった。ジューシーで甘みもたっぷり。身も心も元気一杯になった。お大師さんは人が困っている時にどこからともなく現れて助けていただくありがたい存在だと実感した。困っている時に救いの手が差し伸べられることほどうれしいことはない。梨のお接待を一杯に受けて、元気とパワーをいただいて次の札所へと向かった。

六十歳の還暦を過ぎると七十歳は古稀である。「人生七十年古来稀」という中国唐代の詩人杜《と》甫《ほ》の詩による。七十歳を越えて長生きすることは「稀《まれ》」なことととされた。しかし、「古稀《こき》」を迎えるというのに「人生とは何か」はもちろん、「自分とは何か」さえもまだよく分かっていない。「自己を知る」ことは、人間の思考の出発点である。「自己を知る」ことは「自分とはいったい何か」ということ。若い時には誰でも一体自分は何だろうかと自己探求をはじめる。これは洋の東西を問わず誰でも多かれ少なかれ越えねばならない通過点である。自分のことは自分が一番分かっていてもよさそうであるが、実際にはほとんど分かっていない。自己を知ることは他人を知るよりむつかしい。宗教とか哲学とは簡単にいえば、自分と向き合い、自己を知ることからはじまるように思う。一人の人間がいかに生きるかという生き方。人間がどう生きていったらよいのかという問題、人生は多かれ少なかれこの問題と向きあうことなしに成り立ちえない。

すべてのはじまりは自分の心をみつめること。自分とは何かを凝視することからはじまる。自己とは何であろうかとこの自分をみつめ向きあうことが、大切なことである。

欧米の人々は、日曜日には教会に出かけて牧師の話に耳を傾けながら自己と向き合う機会が多いのに対して、我々はそうした機会がほとんどまったくない。しかし、お遍路に行くと、もっぱら自分一人で長い道のりをとぼとぼと歩くのでどうしても自分と向き合う時間が多くなる。そして自分を客観的にみつめることによって多くのことに気づかされる。

「自省の強い人は自分というものをよく知っている。つまり自分で自分をよくみつめているのである。これを自己観照《じこかんしょう》と呼んでいる。自分の心を自分の身体から取り出して外からもう一度自分というものを見直してみる。これができる人には自分というものが素直に私心なく理解できる。こういう人には過《あやま》ちが非常に少ない。自分にどれほどの力があるのか、自分はどれほどのことができるか、自分の適性は何か、自分の欠点はどうしたところにあるのかというようなことがごく自然に何ものにもとらわれることなく見いだされてくると思うからである」（松下幸之助）と自己観照の大切さが指摘されている。。

お遍路はお大師さんと同行二人の旅、いい換えればもっぱら自分一人で歩くのでどうしても自分と向き合う時間が多くなる。歩くことで自分を磨く。自己と向き合う。人生とは自己とのかかわりあいの深さで決まる。自己を見つめ、自己と対話して行くなかで心は磨かれて行く。大自然の中に身を置いて生きる力と知恵をたっぷりともらうお遍路の旅。本当の生き方は何か。生きていく上で一番大切なものは何かを求めて何かをつかむために歩く。しかし、それはなかなかつかめない。それでも四国路は自己と向き合いより良い生き方を模索し、ヒントが得られるすばらしい場所であることに変わりはない。

四国遍路に行くと知らず知らずのうちに「生きる指針」やヒントのようなものが自然に身に付くので不思議である。こうしたことが四国の豊かな自然、温かい人情とともに四国遍路の大きな魅力になっていることはたしかである。「自分の足で歩けるうちに四国八十八ヶ所を歩いて巡りたい」（六十七歳の女遍路）というお遍路さんの気持ちがよく分かる。

禅師峰寺から三十三番雪蹊寺《せっけいじ》へは七・五キロ。雪蹊寺へ向かう時、「種崎《たねざき》」でフェリーに乗り、浦戸湾を渡る。この県営フェリーは「海の県道」として高知市種崎と対岸の長浜間の約六百メートルを五分ほどで結び、料金は無料で地元住民の生活道と遍路道の二つの顔を持っている。お遍路さんの利用は右肩上がりで、浦戸大橋を利用するよりも一キロほど短縮できる。その波止場に通じる遍路道に地元の人によって「船の時刻表」が最近掲げられている。その時刻表と現在地とを照らし合わせて次の便に乗れるかどうかの判断ができるようになり、お遍路の立場に立ったすばらしい情報提供、いい換えれば一種のお接待だと感じた。フェリーの本数は一時間に一本程度であることから、このお接待のおかげで、すんでのところでその便に間にあったお遍路も多い。少なくとも港に着いたら船が出てしまったばかりというような状況はなくなった。

雪蹊寺は弘仁六年（八一五）にお大師さんが開基。当初は真言宗に属し、「高福寺」と称していたが、鎌倉時代に運慶、湛慶が滞在し、本尊などを刻んで納め「慶福寺」と呼ばれた。その後寺は荒廃を繰り返し、住職一人さえもいない荒寺となった。戦国時代に月峰和尚が長曽我部元親

（一五三九〜一五九九）に依頼されて寺を再興、やがて元親の死後にその菩提寺となり、寺の名も元親の戒名「雪蹊如三大禅定門」に因んで「雪蹊寺」と名付けられる。

長曾我部元親は戦国時代の武将で、本山《もとやま》氏や一条家を破って土佐を統一、一五八五年には念願の四国全体を支配下に置いたが、豊臣秀吉の軍に敗れて土佐一国の領有だけが認められた。元親の菩提寺であれば、境内にお墓があるものと思い、「元親《もとちか》のお墓はどこにありますか」と納経所で尋ねたら、「この雪蹊寺とは別のところにある。しかし信親《のぶちか》（元親の長男）の墓なら本堂の裏手にある」とのことであった。裏手に回ると、信親は「天正十四年（一五八六）豊後の国（現在の大分県）の戸次川畔で島津の大軍と対峙し、二十二歳で戦死」と石碑に書かれていた。


約四年間続けた英会話が終了することになった。先生はハンナ先生とその後任のアリサ先生でイギリスとオーストラリアの出身。教材に使ったケンブリッジ大学の「外国人のための英会話」は、実に分かりやすくかつ実践的であった。当初は単語の羅列しかできなかったにもかかわらず、先生の熱心な指導と優れた教材のおかげ基本的な意思の疎通が英語でできるようになった。

英会話をはじめたきっかけは、ＪＲ東京駅での出来事であった。外人の旅行客五人ほどがキョロキョロして不案内な様子。その姿を見ながら自分も含めて知らんふりをして足早に通り過ぎる日本人。「困っている人を見たら手を差し伸べる」ということが国際的慣例だとすれば、このような状態では日本人は冷たい人間だと誤解されると思った。しかし、それは我々が親切心を持ち合せていないからではなく、「言葉の壁」があるからである。

この少人数の英会話教室が特によかったことは、英会話をやみくもに暗記するのではなく、欧米の文化や言語の背景にある欧米人のものの見方や考え方などを学んだことであった。言語はまさしく文化なのだから。さしあたり二点あげれば次のとおりである。

まず第一に、人間と動物とを区別して考えていることである。自分が「毎朝犬と一緒に散歩に行きます」と英語でいった時、「自分が散歩するのか」「犬を散歩に連れて行くのか」が明瞭でないという。仮に前者なら「友達と一緒に」とはいうけれど「犬と一緒に」とはいわない。もし後者ならば「犬を散歩に連れていく」というのだそうだ。要するに、我々とちがって欧米人にとっては「神と人間と動物」の三者は厳格に区別された存在であって、人間がどうしても神になれないように、動物も人間とは異なる存在として明確に区別されているのである。

次に、欧米人は、「二分法」（物事を対立的な概念で二分する論法）という考えの下、あるものを思い浮かべると同時にそれに対応する反対のものを思い浮かべ、その二つを対比させて「一つのもの」「表裏一体のもの」と考えていることである。たとえば、権利の反対は義務というようにすべてのものごとを「対」で考え、表裏一体のものと考える。投票する権利は同時に義務でもある。「権利の行使は義務の履行を伴う」というように、権利だけが独り歩きしているのではない。

もし我々に「権利は主張、義務は棚上げ」というように自分に都合のよいこと、有利なことばかりを主張するような姿勢があるとすれば、考え直す必要があるように思う。この二分法を頭に一番強く吹き込んだのはキリスト教の教育といわれている。

いずれにしても、「英会話ができないなら、できるように実践すればいい」というお大師さんの実践を重視する教えを学んでいなかったら、英会話を学ぶこともなかったにちがいない。まさに「六十の手習い」であったが、「学ぶことに遅すぎることはない」ということも併せて思い知らされた。

三十四番種間寺《たねまじ》へは六・五キロ。本尊の薬師如来は地元では「安産の薬師さん」として信仰を集め、妊婦は杓子を持参して安産を祈願する風習がある。寺ではその杓子の底を抜いて三日間本尊に祈願してお札とともに返す。杓子の底を抜くのは「通りがよくなる」からだそうだ。その杓子を妊婦は持ちかえり床の間に祀り、安産すれば杓子をお礼参りとして納める。なんだか微笑ましい感じのする風習である。

世に「因縁《いんねん》」という言葉がある。「因」は「縁」が整った時にはじめて「果」を結ぶというのが仏教の考え方である。「因」は直接の原因、「縁」は間接的条件と考えた方が分かりやすいかもしれない。「因」はたとえば植物の種《たね》のようなもので、芽が出るためには種が必要である。しかし、仮に種があったとしても土に蒔《ま》き、水をやり温度が高くならないと発芽しない。このように「種」（つまり「因」）は、そのような間接的な条件（つまり「縁」）が満たされた時にはじめて発芽する。

原因があったら必ずしも結果があるとは限らず、原因に縁が働いてはじめて結果が生まれる。因があってもこれに縁の働きが加わらないと結果は生まれない。だから、仏教では「因」よりも「縁」をより重要なものと考える。

このように「縁起」という考えかたは、仏教の大事な考え方の一つである。すべては縁によって起こる。すべての物事はそれが起こる原因があり、それがいろいろな縁（条件）によって結果を作りだしている。自然界も世の中の出来事も刻々と変化しとどまるところがない。すべてのものは常に他の何かと関係しながら存在しており、単独で存在しているものはない。「我ありて彼あり、彼ありて我あり」なのである。存在するものはそのものだけでは存在することができるのではなく、他とのかかわりがあってはじめて存在できるのである。かかわりがなかったらいかなるものも存在しえない。「生産者がいなければ消費者は困る。消費者がいなければ生産者は困る。同様に医者がいなければ病人は困り、病人がいなければ医者は困る」ように。このように我々はどんなに力んでみてもただ一人では生きていけない。多くの人々、また人ばかりではなく自然の恵みのもとに暮らしているのである。

三十五番清滝寺《きよたきじ》へは九・五キロ。清滝寺は養老七年（七二三）に行基菩薩が本尊の薬師如来を刻んで開創し、その後弘仁年間にお大師さんがこの地を訪れて大地を金剛杖で突くと、清水が滝のようにあふれ出たので寺名を清滝寺と改めて三十五番札所と定めたと伝えられる。その後、土佐藩主の帰依が深く七堂伽藍が整う大寺院となった。しかし明治初年（一八六八）の廃仏毀釈《はいぶつきしゃく》で廃寺となったが、明治十三年（一八八〇）に再建されて現在に至っている。海抜四百メートルの清滝寺の境内に入ると大きな薬師如来像が目につく。まさにお遍路さんが川柳に詠んでいるように「清滝のジャンボ薬師に迎えられ」ることになる。春には藤の花が満開となり、冬には黄水仙が可憐な花を咲かせている。

地元の信者たちはお大師さんの命日にあたる旧暦の二十一日の夜に毎月清滝寺に集まり、ご詠歌や般若心経を唱える。朝な夕なに清滝さんの山を仰ぎ、月に一度は感謝を込めて山に上る。暮らしの山。信仰の山。親から子へ、子から孫へと受け継がれてきた山でもある。またご詠歌に参加した女性は、一番最初にご詠歌の会に引き入れてくれた人が「ねーあんた、下でクヨクヨ思わんと清滝さんに上がってみるがいい。この高いところから下を見下ろしてみぃ。自分の思っているることが如何に小さいことじゃったかが分かるよ。一度上がってみるがいい」と誘われたことがきっかけとなってご詠歌をはじめたという。

平成二十一年（二〇〇九）の秋、二巡目の折は、台風一過で好天に恵まれ、気温も二十三度前後で暑くも寒くもなく、絶好のお遍路日和であった。コスモスが咲き、モズの鳴き声も聞こえ、黄色に色づいた柿の実もたわわになっていて土佐路は秋本番を迎えていた。種間寺でお参りしたあと仁淀川《によどがわ》大橋を渡り、土佐市高岡町に到着、二年前にお世話になった遍路宿の「喜久屋旅館」を訪ねた。八十年近くもつづく遍路宿で、昔のお遍路の様子を詳しく教えていただいた。今回東京を出発する時にいくら電話をしても通じないので、もしかすると高齢のために廃業されたのではないかと案じていた。しかし、旅館の奥の方から姿を現したおばあさんは、二年前と同様にお元気そうで、「町内会の仕事などで、夕方七時以降でないと電話は通じない。お遍路さんは泊めているが、夕食の提供は止めている。清滝寺へはここから三・一キロ、お参りの時間も含めて往復二時間」とのことで、元気な姿に安心した。

その一方で、地図のお接待をいただいた。その地図は清滝寺と三十六番青龍寺への道順がそれぞれＡ４の用紙一枚にコンパクトにまとめられ、蛍光ペンで矢印が示された地図を前にして「昔からの遍路道はこの通りに行けば間違いない」という。清滝寺へは①小学校を左折、三島神社の側を通過するとバイパスに出る。②信号を右折、遍路道の案内版に従って行くと高知自動車道のガードをくぐる。③二本の石柱が立っており、左側の山手にある遍路道を上がるとやがて山門に至る、という具合である。きわめて詳細かつ具体的な地図のおかげで道に間違うこともなく清滝寺に到着することができた。

また別の「一国参り」の折、種間寺を出て仁淀川にさしかかる時、土砂降りの大雨であった。橋を渡り終えるころ、八十歳を過ぎたおばさんが「お遍路さん、ご苦労さまです。これ、気持ちだけのお接待です」といって十円硬貨を二個いただいた。お遍路でなければ決していただけない無償のお接待に心が洗われた。お遍路はこの無償のお接待に次へと踏み出す元気をもらい命がよみがえる気持になる。何よりもその心がうれしく、大きな元気をいただいた。モノではなく心のお接待にどれほど元気づけられたことか。そして「それより大きな喜びは与えたり、恵んだりする側にあり、しかもその喜びや充実感は有り余っているお金の中から与える人ではなく、自分にとっても必要なお金を出す人の方にある」という。すばらしいことである。

また女将さんによると、お遍路さんへお接待する理由を次のようにいう。

「お大師さんのおかげでどれだけ助けられているか。四国にはお大師信仰が深く根付いている。お遍路さんの姿にお大師さんをみるのである。そのお大師様に『ありがとうございます』とお接待をする」。さらに「遍路をしているあなた方は普通の人と思っているだろうけれども、四国を歩いて巡拝しようと思うことがもう普通の人でなく、お大師様と一緒になっているのである。お大師さんとともに歩く人に施しをするということになるのである」という。そして「お接待とはお遍路さんを通じてお大師さんに施しをする行為になり、その施しはやがて自分に戻ってくるという考え方につながっている。良い行いを積み上げることは、結果として自分にも良いことが必ず待っているという考えである。遍路でのお接待はお遍路さんへの施しがやがて自分に戻ってくるという信仰になって現在も続けられているのである」という。このように、四国に住む人々にとって、お遍路さんにお接待をすることはお大師さんに施しをすることに通じるという考えが強いことが伺える。ありがたいことである。

三十六番青龍寺《しょうりゅうじ》へは十四・八キロ。清滝寺から塚地《つかじ》峠を下り宇佐《うさ》大橋を渡り海岸沿いの道路を右手に入ると間もなく青龍寺に到着する。寺伝によると、お大師さんは唐に留学中に青龍寺の恵果《けいか》和尚の指導を受けながら密教を学んだが、師の恩に報いるために、帰国後この地に堂宇を建設、不動明王を刻んで本尊とし、寺の名前を青龍寺として三十六番札所と定めたという。本堂及び大師堂はきつい階段を上ったところにある。本尊の不動明王は如来や菩薩を守る守護者で、平安時代に密教思想が流行するにつれて不動信仰が盛んになり、当時の貴族も武士も不動明王を信仰した。体制を壊す勢力を打倒するとともに人間の内にある煩悩《ぼんのう》を退治する。つまり、外と内の両方の敵を調伏《ちょうぶく》する力を持っているとされる。

因《ちな》みにモンゴル出身の元横綱朝青龍《あさしょうりゅう》の名前は、この青龍寺に由来している。というのは平成九年（一九九七）に明徳義塾高校（高知県須崎市）に留学し、相撲部に所属していた朝青龍は、同校の近くにある青龍寺境内の百七十八段の傾斜のきつい石段の上り下りで強靭な足腰を築いたそうで、シコ名はこれに因んでつけられているからである。

また青龍寺の「奥の院」の近くにある「国民宿舎土佐」に泊った時、高台の露天風呂から見下ろす景観は、眼下に太平洋が見えてまさに絶景であった。

般若心経の中心理念である「空《くう》」を分解すると「世の中は実体のないものだ」（空）、「世の中はお互いの関係の中で成り立っている」（縁起）、「世の中は常に変化している」（無常）の三つに分解される。つまりすべては「空」で実体がない。一切は縁によってできている。形は一瞬一瞬変っていくというのである。その般若心経のメインテーマは「色即是空《しきそくぜくう》」。一切は「空《くう》」だから「こだわるな」ということを繰り返し述べている。自分がこだわっているもの、つまり先入観、固定観念、自分を縛っているものなどの正体をつきつめていくとその実体がなく、自分の思い込みにすぎないことに気づく時、こだわっていた根拠がなくなり、こだわりから解放されていく。遍路は「重いものを捨てて軽くなること」といわれているが、この「重いもの」こそこだわりにちがいないと思う。例えていえば、夜に眠ろうとして悶々としているのに対し、眠れなければ起きておけばよい。つまり「眠れないことにこだわるな」という知恵であり、心の持ち方である。

もう一つ例をあげれば、あちらに見える山にこちらへ近づいてほしいと思っても山は動かない。多くの場合、悪いのは山が動かないからだといって相手のせいにするのは簡単であるが、相手にこだわっている限り問題は一向に解決しない。なぜなら、しばしばいわれるように過去と相手は変えられないのだから。ここで発想を転換して相手の山が動かなければこちらが動けば良い。そうすれば山が近づいたのと同じ結果になる。このようにして相手の方が変わることを期待するのではなく、自分自身の方を自由自在に変えていく。そうすれば問題はおのずから解決する。我々はこのようにこだわりから解放されると、無心になり普段見えないものが見えてきて、おおらかに伸び伸びと生きていくことができるというのである。

このことは理屈や言葉でいくら説明を受けても理解することはできない世界であり、実際にお遍路で歩くという実践を通じて自ら感じ取る世界であるように思う。


青龍寺から三十七番岩本寺《いわもとじ》へは五十五・五キロもあり、途中で一泊しなければ到着できない。平成二十一年（二〇〇九）の秋の夕暮れの頃、宇佐大橋を少し過ぎたところにある「民宿汐浜荘」に泊った。四十年近くも続くくつろぎの遍路宿であった。青龍寺から岩本寺に向かうには二つのルートがある。一つは横浪黒潮ラインに沿って歩く海岸ルート。もう一つは佛坂《ほとけざか》峠越えの山側ルート。この二つのルートは二十二キロ先の土崎合流点で合流する。遍路宿の女将さんが「佛坂峠越えの山側ルートが本来の遍路道であり、時間的にもさほど変わらないこと、さらに横浪《よこなみ》までは巡航船が運航されている」と教えていただいた。アドバイスに従って佛坂峠越えのコースを選択し巡航船に乗った。

　須崎市営の巡航船は、内の浦湾に点在する各集落をつなぐいわば「生活の船」で六十年近くの歴史があり、かつては櫓《ろ》で漕ぐ時代もあったそうだ。航行距離は十八・七キロ、航行時間は約一時間。公立の小中学校が存在しない、内の浦湾の南部の子供達約四十人を毎日朝夕に運ぶ。昭和二十九年（一九五四）から須崎市が運行し、いまでは地域に欠かせない「足」となっている。お大師さんも次の三十七番札所へ向かう際、湾を船で移動したといわれ、札所の中で船で海を渡ることが許された唯一の場所ともいわれている。

　乗船して一時間ほどで横浪に到着。そこから四キロほど歩くと佛坂峠に達し、急な坂道を下りると佛坂岩不動にたどり着いた。やがて高知市と松山市を結ぶ国道五六号線に出て土崎合流点を過ぎると「道の駅かわうその里すさき」があり小休止。国道五六号線を進むと「角谷《かどや》トンネル」の手前で「角谷峠への遍路道」という矢印の案内が目にとまり、右手の遍路道へと上がって行った。左手に太平洋の雄大な展望が開け、眺望は抜群。紺色の太平洋は、まるで地中海のエーゲアンブルーのようであった。遍路道を下り再び国道に合流してしばらく行くと、左手に「民宿安和《あわ》の里《さと》」が姿を現した。案内された部屋に入ると抹茶のお接待をいただいた。お遍路で心のこもった抹茶をいただくとは思いもよらなかった。抹茶のお接待に感動したお遍路さんも「焼坂の峠を越さむと宿取とれば安和の里に茶の香り立つ」と詠んでいる。翌朝、出発する時には「除菌ウェットティシュ」と封筒に入ったたくさんの五円玉をお接待にいただいた。この除菌ティシュは足摺岬からの帰途、土佐清水市内でマメがつぶれて痛みだし応急処置をした際に大いに役立った。また五円玉のお接待は身代り巡拝の時にお賽銭として使ってほしいとの思いが込められているのかもしれない。民宿「安和の里」はその名のとおり本当に「安らぎ和む里」であった。

須崎市は前述のようにミョウガの一大産地で、全国一の生産量を誇っている。たしかに東京のスーパーで確認すると、「高知県産」というラベルが貼られている。ミョウガの作業所で「お遍路さん、お疲れ様です」といって冷たい飲み物と飴のお接待をいただいた。また須崎市内を歩いている時、中年の女性が「お遍路さん」と呼びながら小走りに駆け寄り清涼飲料水とお菓子のお接待をいただいた。お礼をいうまでもなくすっと立ち去って行った。「陰徳あるものは必ず陽報あり」という。人に知られない善行、つまり陰徳を積んだものには必ず陽報がある。人の知らないことでも天だけはちゃんとみてくれているからとされる。

中土佐町発行のパンフレット「へんろ道」に次のように書かれている。「札所巡りが一般化されたのは江戸時代中期から。享保年間の頃（一七一六〜一七三六）から庶民も参加するようになり、十九世紀に入ると遍路の流入が急増した。（略）戦後は社会の変化につれて人々の遍路に対する意識も変わった。そして複雑な現代社会ではお大師さんに癒しや心のよりどころを求め女性や若者をはじめ多くの人々が四国遍路をするようになった。現在の歩き遍路は年間五千人で、約千二百キロの道を健脚者の場合、約四十日間で歩くといわれている。久礼《くれ》の「そえみみず遍路道」を歩くお遍路さんは年間四百人である」と書かれている。

その「そえみみず遍路道」は、青龍寺と三十七番岩本寺とのほぼ中間点にあり、中土佐町久礼から四万十町《しまんとちょう》床鍋へ抜ける昔ながらの古道で、その名前の由来は、みみずがはった後のようにくねくねと曲がりくねっていることから名付けられたそうだ。昔の旅人にも「かどや（峠）、やけさか（峠）、そえみみず」と詠まれ、難所の一つに数えられていた。土佐久礼から国道五六号線が合流する「七子《ななこ》峠」へは、大坂峠を越えるルートと「そえみみず遍路道」を越えるルートとがある。この「そえみみず遍路道」は昔から生活道として重要な役割を担っていた。

しかし、明治二十五年（一八九二）に大坂峠越えの県道が開通してからは、「そえみみず遍路道」はいわば廃道となり、この大坂峠越えの道を地元の人たちは専ら利用してきていた。前述のように年間およそ五千人といわれる「歩き遍路」のなかでも、「そえみみず遍路道」を通るお遍路は年間四百人といわれ、どちらかといえば少数派に属する。しかし、近年、この「そえみみず遍路道」は、貴重な先人の足跡を残した遍路道として見直されている。

四国縦貫自動車道がこの「そえみみず遍路道」の中を通過することになり、その建設工事のために平成十八年（二〇〇六）十一月から平成二十年（二〇〇八）十二月まで不通になっていたが、高速道路工事の完成に伴い最近は通れるようになった。長沢地区の「そえみみず登山口」にさしかかると、右手の作業所で数人の女性が早朝からニラの選別作業を行っていた。

ここを通るお遍路さんの姿を見かけると、お接待をする「お接待おばあさん」からお茶にお菓子と手作りの巾着袋などのお接待をいただいた。「そえみみず遍路道」の登り口には「これから岩本寺まで十七・九キロ、七子峠まで四・八キロ」という標識が立てられている。その中間点にある海月庵寺跡は標高四百メートルの頂上付近に位置し、その昔お大師さんが海から昇る月を観て名付け、庵を結び修行した遺跡だと伝えられる。

遍路道は上ったり、やがて平坦になったり、下ったり。右に曲がったり、まっすぐになったり、左に曲がったりと実に自由自在で変化に富んでいる。落ち葉の積もった山道で歩きやすかった。時折さわやかな風が吹き渡った。「もともと地上には道はない。歩く人が多くなればそれが道になるのだ」（魯迅）ということが実感できた。

やがて国道五六号線に出て七子峠の「峠の茶屋」で休憩、昼食を食べた。因みに、数年後に訪れた時は高速道路の開通に伴い国道を利用する車が少なくなり、七子峠もさびれ「峠の茶屋」も廃業していて昼食も食べられなかった。振り返ってみれば「そえみみず遍路道」が国道にとって代わられ、その国道が今度は高速道路にとって代わられる。時代の進展とはいいつつも一抹のさびしさが感じられる。

岩本寺の天井画

三十七番岩本寺《いわもとじ》は聖武天皇の勅願により行基菩薩が開創、後にお大師さんが弘仁年間にこの地を訪れて本尊を安置し三十七番札所と定めたと伝えられる。天正の兵火により堂塔を焼失したが、一条公の力により復興、その後明治初期の神仏分離で廃寺となったが、明治二十二年（一八八九）に再建されている。

岩本寺といえば何といっても天井絵。昭和五十三年（一九七八）に落慶した本堂の天井には多くの天井絵が描かれている。天井を見上げると五百七十五枚もの絵が正方形の形に描かれ、花鳥風月のほか、動物や植物もある。マリリン・モンローまでもが登場し、実にバラエティに富んでいる。いくら見ても見飽きることがない。そこには人間だけが偉いのではなく、一匹の猫もマリリン・モンローも同じ大きさの絵として並べられている。先代と現在の住職との間で「広いだけの天井では面白くないから良いアイデアがないかということで天井に絵を入れたらどうだろうか」という話になり実現したそうだ。

（4）中道を歩む

岩本寺から次の三十八番金剛福寺《こんごうふくじ》までの距離は八十六・七キロで札所間の距離ではもっとも長い。足摺岬《あしずりみさき》への道で、仮に一日三十キロ歩くとしても三日目の夕方に到着するという長丁場である。因みに、次いで長いのが薬王寺から最御崎寺までの八十三キロ、三番目が明石寺から大宝寺までの七十・二キロである。この三つがいわばベスト・3であるが、とりわけ高知県の足摺岬周辺の四つの札所、つまり青龍寺、岩本寺、金剛福寺、そして延光寺に至る区間の距離は、すべてベスト・10に入っており、土佐の札所の距離がいかに長くて厳しい修行の道場であるかが伺える。

平成二十五年（二〇一三）の秋、四巡目となるお遍路の旅の折、定宿にしている須崎市の遍路宿がたまたま満員で、やむを得ず別の遍路宿に泊った。するとその遍路宿で南アフリカのヨハネスブルグからやってきたアランさんと出会った。須崎から足摺岬にかけて一緒に歩き、三日間一緒の遍路宿に泊った。アランさんは、七十二歳で長身。健脚で歩き方も速い。しかし、日本語の会話ができなくて、遍路宿の予約にも苦労しているようであった。遍路宿に予約の電話をして「ハロー」（こんにちは）といえば電話をガチャンと切られてしまう様子。民宿久百々《くもも》に泊った時、女将さんと一緒にいわば「遍路宿予約依頼カード」を作成し、泊った遍路宿で提示してもらうことにした。

そのカードには、①私の名前はアランです。②明日の遍路宿の予約をお願いします。③私は毎日三十キロを歩くことができます、との三点が記載されていた。その後アランさん一人の遍路旅となった伊予及び讃岐でこの「遍路宿予約依頼カード」が大いに役立ったそうである。千二百キロともいわれる四国の長い道のりを外国からのお遍路さんが一人で歩いて巡ることは、容易なことではない。その一つは如何に現金の引き出せるカードを利用できるかである。相当な現金を身につけて歩くことは不用心であるからである。アランさんは日本に来る前に発行したキャッシュカードを持参していた。

しかし、そのカードは日本では二社、つまりＪＰ（日本郵便）とセブンイレブンだけしか利用できず、四国にはセブンイレブンがほとんどないことから専ら郵便局を利用していたが、特段の不便はなかったようだ。足摺岬で別れたあともメールでその日の天気や行程、遍路宿の情報など連絡を取り合っていたので、いまどこを歩いているのかも分かった。三十七日間で四国を巡り終えたアランさんから帰国に先だって東京・日本橋のイタリアンレストランでの夕食に招かれた。「遍路宿予約依頼カード」、メール交換がよほど大きな安心につながり、異国で受けた親切として大変に喜ばれ感謝された。それにしても出会いとは不思議なものである。もし、須崎市の定宿が満員でなかったらアランさんとも出会っていなかったのだから。

清流で有名な四万十川を過ぎて千六百メートルの長い「伊豆田《いずた》トンネル」を出ると「ドライブイン水車」が目にはいり、コーヒを飲んで休憩した。「ここから真念庵《しんねんあん》までは往復で三十分。民宿久百々《くもも》までは二時間」とのことで早速、真念庵に向かった。真念は江戸時代初期に四国遍路のガイドブックを出版して遍路を庶民に広めた者として知られ、岩本寺、金剛福寺及び延光寺までは距離が長く難行な道程であるために、これらの三寺を結ぶ中間地に当たるこの地に庵を作り、お遍路さんの宿泊や荷物置場として利用できるようにした。小さな庵の前には八十八ヶ所の本尊を彫った石仏が秋の木漏れ日を浴びながら並んでいて風情たっぷりであった。納経所は留守であったが、地元の人から柿三個のお接待を受けた。再び国道三二一号線に戻り、「民宿久百々」に到着したときは日もとっぷりと暮れて真っ暗になっていた。

翌朝「民宿久百々」から足摺岬に向かう途中、国道を三キロほど進んだところに大岐《おおき》海岸がある。大岐海岸では国道から下りて浜に出ると、左側に青い海が展開し、美しい浜辺がひらけている。昔からこの浜辺が遍路道になっている。靴下を脱いで波の打ち寄せる浜辺を散策、波が引くと海に近付いたり、波が打ち寄せるとあわてて引き下がったりしつつ、童心に戻った気分に浸りながら延々と一・五キロも続く大岐海岸の浜辺を約四十分かけて歩いた。浜辺に遍路道が通じているところはここだけであり、忘れられない楽しい思い出となった。

浜辺の歌

♪あした浜辺をさまよえば
昔のことぞ忍ばるる
風の音よ　雲のさまよ
寄する波も貝の色も

♪ゆうべ浜辺をもとおれば
昔の人ぞ忍ばるる
寄する波よ返す波よ
月の色も星の影も

以布利《いぶり》、窪津《くぼつ》、津呂《つろ》を経てやっと足摺岬に到着した。足摺岬は四国を代表する景勝地の一つ。水平線を見渡せる展望台からの雄大な眺めは、歩き疲れたお遍路さんの心に勇気と感動と癒しをたっぷりと与えてくれた。金剛福寺の本尊は千手観音菩薩。嵯峨天皇の勅願により弘仁十三年（八

足摺岬

二二）にお大師さんがこの地を訪れ、この地が当時の日本最南端にあることから観音様の理想の世界として伽藍を建立、千手観音を安置したと伝えられる。

お釈迦さんは紀元前四六三年に誕生、同三八三年に入滅し、八十年の生涯を閉じたと伝えられている。このように仏教の起源は紀元前に遡り、過去二千五百年の歴史の中で、膨大な経典や文献が出されているが、それらは本来お釈迦さんが書き残したものではなく、お釈迦さんに直接接した者が聞いたことを書き留めたものである。従ってその書き出しは多くの場合、「如是我聞《にょぜがもん》」つまり、「私はお釈迦さんから次のように聞きました」との記述からはじまっている。しかし、経典数も多く、諸々の解釈もあってどれがお釈迦さんの本当の説かわからない面もある。

『仏陀の言いたかったこと』によれば「空の思想」「縁起」「中道《ちゅうどう》の生活」などについてお釈迦さんの教えが説かれているが、その中で最も関心を引いたのが「中道の生活」であった。それによると、「二つの極端」に近付いてはいけないとして、①いろいろな欲を貪り、執着すること。②身体を痛めつけて苦行をすること、の二つを取り上げ、いずれも賢明な人がすることではないとして、いずれにも偏らない中道の生活が重要だと説かれている。

中道の生き方は、人間の欲をどのようにとらえるかということとも関連する。お釈迦さんは欲を否定も肯定もしなかったといわれる。人の欲に本来良い欲、悪い欲というものがあるわけではない。その欲がバランスを崩して極端に走った時、それが悪い欲になるのであるという。善いとか悪いとかは、いってみればバランスがとれているかどうかによって決められる。善いと思ってしたことが度を越すと結果的に悪くなることもある。いい換えれば、一方に偏《かたよ》りがないこと、極端に走らないことが正しいのであって、よく世間でいわれる「ほどほどに、適度に」というのが中道の立場である。

結局のところ、「中道を歩む」ということは、人の欲を極端に否定したり、極端に肯定するのではなく、常にバランスの取れた生き方、考え方をすることであり、バランスの取れた生活をし、奢多にもならず、あまり窮乏するわけでもない。この釣り合いのとれた生活が中道の生活であるという。

「何事につけても度を越すなかれ。中庸《ちゅうよう》は徳の至れるものなり」。このように極端を排して「中道、万事ほどほど」を尊ぶ気風は、古くからギリシャにもローマにもあったといわれる。人類史上多くの人々に大きな影響を与えたお釈迦さんから「仏教は本質的に中道の教えである」ことを学んだことは大きな収穫であった。

菜食主義者（ベジタリアン）は、一般的には肉や魚を食べないが、ビーガンと呼ばれる「極端な菜食主義者」は、家畜の副産物である卵、牛乳、バター、チーズなどを一切食べないそうだ。たしかに卵は鶏が子孫を残すために生んだものであり、牛乳はそもそも牛の赤ちゃんが飲むための母乳であって、人間が飲むためのものではない。「地球上に存在する生物で、ほかの動物の母乳を飲んでいるのは人間だけだ」そうだ。卵にしても牛乳にしても、本来の趣旨から外れて人間がいわば横取りしている。このように考えると、実践できるかどうかはともかく「極端な菜食主義者」の考えや行動もうなずけるところがある。

三十九番延光寺《えんこうじ》へは五十八・六キロの長丁場。足摺岬の金剛福寺から延光寺へは土佐清水を通って打ち戻り、足摺岬をぐるっと一周する形で再び以布利《いぶり》にでて久百々から下の加江、芳井、三原村を通り延光寺に至る。延光寺へ一挙には行くには無理があるので、民宿久百々で連泊することが多い。歩き遍路が好んで集まる民宿である。概して人気のある遍路宿は経営者の顔がよく見えて、食事時には宿泊者全員が食堂に揃い女将さんも時間を惜しまずに話しに加わる。連日のカツオのタタキに飽きた頃にテンプラなどの家庭料理を出してくれるのも心がこもっている。

三原村への道は、下の加江川に沿って緩やかで快適な上りの坂道が延々と続く。道端の民家は屋根が落ちて廃屋と化してガラスは割れ崩れはじめた家も目につく。林業だけでは生活ができないので、仕事を求めて都会に出て行ったので空き家になっているのであろう。その途中「芳井《よしい》」の遍路小屋でお接待を受けた。特徴的だったことは、その遍路小屋まで「あと二千メートル」「あと千メートル」「あと五百メートル」というように、この先に遍路小屋があることを前もって知らせており、その場所がぐんぐん近づいてくる姿が目に浮かぶようになっていた。遍路小屋には飲み物、お菓子、果物などが豊富に揃えられ、感謝しながらありがたくいただき、大きな元気とパワーをいただいた。三原村の中心地からは四万十川の支流中筋川に沿って十キロにも及ぶゆるやかな下り坂が延々と続く。民家がでてきた所で左の遍路道はいる。入口の目印はお稲荷さん。平田《ひらた》集落を抜け国道五六号線を左に入る。国道を標識に従って右に行けば延光寺に到着する。

「歩き遍路」の旅は同行二人の旅。いい換えれば専ら一人で歩く旅なのでどうしても自分と向き合うことが多くなる。そして自分と向き合うことによって多くのことに気づかされる。そのことが「歩き遍路」の大きな特徴であると同時に魅力でもあるように思う。

今回の「土佐の一国参り」で気づいたことは、「感謝の心」と「祈る」ことの大切さであった。「歩き遍路」ができることは健康に恵まれているからであることに気づく時、ありがたいことだと感謝の気持ちが起こる。同時に生きる上に必要不可欠な水や太陽などの自然の恵みに恵まれて生かされていることに対しても感謝の気持ちで一杯になった。「感謝の念」を持つということは人間にとって非常に大切なものである。見方によればすべての人間の幸福なり喜びを生みだす根源ともいえるのが感謝の心といえる。人間にとって感謝の心ほど大切なものはない。

他方、人間である限り、自分の思い通りにならないことがたくさんある。自身の健康一つさえ、自分でコントロールできない。それは自分の力不足や限界のほかに、生老病死など問題自体のむつかしさに加えて運、不運もある。問題はこれに如何に対処するかである。たしかにこれに耐え、機の熟するのを待つことも大事なことかもしれない。しかし、自分の意思や努力でどうすることもできない事柄については究極的には「祈る」ほかないように思う。札所に行けば必ず「南無大師遍照金剛」(お大師さんにすがります。お任せします)の声がこだましているが、その意味するところが四巡目の「歩き遍路」でやっと理解できたように思われる。たとえ信仰を持っていなくても祈るということは何となく気の休まるものである。

因みに「祈り」に関しては次のような名言がある。

「変えることのできるものについては、それを変えるだけの勇気を我々に与えたまえ、変えることのできないものについてはそれを受け入れるだけの冷静さを与えたまえ。そして変えることのできるものとできないものを識別する知恵を与えたまえ」。この名言はアメリカの牧師ラインホルト・ニーバーがマサチューセッツ州の小さな教会で説教したもので、勇気と冷静さと知恵の大切さを述べて世界中の人々に感動を与えた。

しかし、現実の我々は「変えることのできないもの」に執着してしまいがちである。変えられるものと変えられないものについてじっくり考え、明らかにしてみることが大事で、生まれ育った環境、過去の選択、すでに起こってしまったことや人の気持などはいくら努力しても自分の力では変えようがない。そうであれば、変えられないものとして受け入れ、次のステップに向けた新たなスタートを切った方がよほど積極的な生き方であるように思う。

第三章　伊予（愛媛県）

（1）吉凶は人による

延光寺から四十番観自在寺《かんじざいじ》までの距離は二十九・八キロ。宿毛《すくも》市を通過し、松尾峠への登り口に差しかかる。松尾峠まで二キロ、高低差二百七十メートルの上りである。松尾峠には「是より東、土佐の国」「是より西、伊予の国宇和島藩支配地」との国境の碑が立っている。この松尾峠から眼下を見下ろすと、目の前に宿毛湾の海が見渡せて実にすばらしい景観であった。峠からは緩やかな下りになり、一本松町に出る。札掛《ふだかけ》を経由して御荘町《みしょうちょう》に到着。御荘町の名前は鎌倉時代に京都の青蓮院《しょうれんいん》の荘園が置かれていたことに因んで付けられているそうだ。

観自在寺は伊予路最初の札所で、ここから「菩提《ぼだい》の道場」がはじまり、六十五番三角寺《さんかくじ》までの二十六ヶ寺がある。その距離は約三百七十キロに達し、土佐の四百三十二キロに次いで長い。「菩提の道場」とはいってみれば「自分が求めてきた何かに目覚め、そして悟ること。生きていくために心の拠り所を見つけること」とされる。観自在寺は一番霊山寺から最も離れたところに位置しているので四国霊場の「裏関所」とも呼ばれている。

寺宝に宝版と讃える大きな版がある。お大師さんが諸人の病を根源から除くことを祈願されたものと伝えられ、不思議とおかげをいただいた人が少なくない。大正元年（一九一二）、夫婦がしゃべれない娘を連れて参拝した折、この宝版を受けたおいずるを着た娘さんが御堂に向かって手を合わせて拝んだところ「南無阿弥陀仏」と声が出るようになり、母は狂わんばかりに喜び、指を一本噛み切って御堂に捧げたという。その指はアルコール漬けにしていまも保存されているそうだ。

現在の山門は海岸から二キロほど離れているが、昔は山門の近くが海岸であった。現在の本尊は薬師如来であるが、当時は十一面観音で大変力のある仏さんとして人々から恐れられており、観自在寺の沖を通るたびに船をわざわざ岸につけて礼拝しなければならなかった。礼拝を怠ると大変なことになると信じられていたからである。しかし、通るたびに礼拝を行うのであれば時間がかかり面倒なので人々は何とかならないだろうかと考えた。そして本堂の十一面観音から船が見えなければ礼拝しなくてもたたりはないだろうと考え、山門の前に成長した松の木を植えた。十一面観音の目から見えないということで「目隠しの松」と呼ばれている。この松の木のおかげで通るたびに礼拝しなくてもよくなり、人々は都合のよい時に礼拝すればよいことになったという。

また現在では見当たらない「目隠しの松」について「かつては境内に大きな松があって、それが目隠しになっていた。畦地梅太郎の版画（昭和十四年）にも立派に描かれている。しかし、昭和二十五年（一九五〇）の「ジェーン台風」で倒れその後に植えられた松も枯れてしまった。しかし、現在では松に代わって榎木《えのき》が生い茂り、その枝が本尊の目隠しになっている。何分にもこの本尊は霊験あらたかなのだから」とは住職さんは語る。

作家の五木寛之が指摘するように、現代は「人間の心もカラカラに乾いてひび割れがかったような時代で、共に生きている人間全部にしみわたるようなものがない時代」になっている。我が国は明治維新の折、近代化を図るためにヨーロッパから法律や制度、技術などを移入してきた。しかし、それらは専ら、目に見えるもの、表面的なものにすぎなかった。キリスト教的感覚、宗教的感覚がヨーロッパ人の精神文化の根底を貫いていることから目をそらし、ヨーロッパ文明の背後にある宗教というものを受け入れてこなかった。

明治時代に雇われた外国人教師が任期を終えて帰国する時の送別会の席上で次のような言葉を残して帰国したという。「残念でならないのは日本人は欧米文化というものをいわば美しい花のように感じて、その花の茎から上をちょん切って自分のものにしようとする。その茎の下に見えない根があり土の中に広がっていてそれが花を支えているということを考えようとしない」と。目に見える法律や制度の導入には熱心であるが、その背景をなしている文化や宗教、人々の考え方など「目に見えないもの」を見ようとしないということがいいたかったのであろう。そしてこのような状況は我々日本人の長い伝統として現在でもなお続いているように思われる。

我が国は戦後一貫して「限りない経済成長」を目指してきた。物質的なものを重んじ、たしかに豊かで便利な社会になった。他方において日本社会は心の拠り所や行動の規範を見失ってしまい、病んでいるかのようだ。「目に見えないもの」を軽んじてきた弊害があちこちに現れてようやく「目に見えないもの」の大切さに気づきはじめた。多くの人々は物質的なものよりもむしろ心の拠り所や生きがいを求めている。

「昔は生きているという実感があった。いまこの平和な時代に我々はバラバラである。孤立して生きている。人間と人間同士がお互いに何の関係もなくあたかも物のように存在している。こういう不幸を我々はいま感じている」状況にある。

観自在寺から四十一番龍光寺《りゅうこうじ》までの距離は四十七・七キロの長い道のりで、途中で一泊する必要がある。御荘町を過ぎてしばらく歩くと左手に海岸が開け、リアス式の海岸の美しい景観が目を楽しませてくれる。十一キロほど行くと旧内海村《うちうみむら》に入る。柏《かしわ》郵便局の角を右折して柏坂峠に向かう。地元の人は「峠越えに四時間弱はかかる」といっている。

上り始めが急坂できつかった。しかし「清水大師」を過ぎると遍路道は平坦となりやがて展望台に到着。眼下には雄大なリアス式海岸が見渡せ、遍路道にはヤマツツジが満開で、その美しさに感動した。柏坂峠では数か所もトイレが設けられていた。住民にとっても、トイレの維持管理は大変な負担だと思う。旧内海村の人々が、社会やお遍路さんに尽くそうとする心意気は、柏坂からの眺めと同様にすばらしいものとして心に残っている。その日は津島町の大畑《おおはた》旅館に泊まった。獅子文六の「てんやわんや」の舞台になったところである。

津島町から松尾峠を越えるともう宇和島市。宇和島は伊達家《だてけ》十万石の城下町で市内には宇和島城、天赦園《てんしゃえん》などの名所旧跡があり、南予の産業、文化の中心地になっている。また幕末から明治にかけて「民法の祖」と呼ばれる穂積陳重《ほづみのぶしげ》などの著名な学者や文化人を多数輩出したところとしても知られている。

龍光寺は三間《みま》平野を見下す小高い丘の上にあり、参道には鳥居が立ち石段を登ると正面が稲荷神社で、お稲荷さんが祀られていることから地元では「三間の稲荷さん」として親しまれている。商売繁盛を祈願する四国における「お稲荷さんの総本山」でもある。その龍光寺は明治初期の宗教政策として出された「神仏分離令」により、この地方の氏神の稲荷神社となり本堂がその社殿として使われるようになった。そのために一段下に新しく本堂が建てられ、十一面観音が本尊として祀られている。お地蔵さんとキツネの石像が同居しているのも四国札所の中では珍しい。このように龍光寺の特徴は神様と仏様が同居しており、神仏習合の現象やその影響が強く残されていることである。

ヤマツツジ（柏坂峠）

我が国固有の「神」と大陸から伝来した「仏」が次第に接近し、やがて神仏が習合する素地は六世紀半ばの仏教伝来以後、少しずつ培われてきた。しかし、この「神仏習合」は一定の教義を持っている仏教が理論面では常に神道より優位に立ち、主導権は仏教が握るところとなった。他方において神道は我が国固有の信仰であるが故に信仰基盤において強固なものを持っていた。こうした状況の中で仏教が外国から伝来した宗教と意識される時に神道は活性化し、仏教を排斥する基本原理となる。

それが顕著に表れたのが幕末から明治維新にかけてで、王政復古を目指す明治政府はこの活性化した神道の「排他の論理」に基づいて「神仏分離令」を出して神道の国教化を推し進めた。廃仏毀釈を断行し、日本は「神の国」であるという考え方により仏教は切り捨てられた。

この廃仏毀釈の嵐は十年近くも吹き荒れて廃寺になる札所も続出し、多くの貴重な仏像や経典などが焼き捨てられた。特に高知県から愛媛県南予地方にかけての札所はその影響が強く残っている。

平成二十六年（二〇一四）の春、四巡目の折に、龍光寺の納経所で「四十二番仏木寺《ぶつもくじ》への遍路道が駐車場の裏手から通じている」との話をたまたま伺った。早速その道を通ると昔ながらの遍路道で風情があったばかりではなく、ショートカットもできた。これまではある時は山門を左に出て中山池で道に迷ったり、ある時は山門を右に出たものの、かなりの遠回りになったことがあっただけにありがたかった。

たとえ目的の札所にはどうにかこうにか到着できるとしても、次の札所へ行く遍路道の案内が必ずしも十分でなく、はじめての歩き遍路や外国人のお遍路さんは困っているように思われる。たとえば、十二番焼山寺への遍路道は十一番藤井寺の本堂の裏手から通じており、あるお遍路さんは、「十二番に向かうために十一番の山門を出て来たら、十一番の本堂の裏手から通じていることを知らされた」という。このように、各札所によって次の札所に向かう遍路道もさまざまであるだけに次の札所へ行く道案内のコピーが納経所においてあれば、はじめてのお遍路さんなどは助かることだろうと思う。なお山門に着いた時、次のお寺に行くための道標を念のため確認して境内に入った方が安心できる。もし分からなければ納経所の方に聞けば親切に教えてもらえる。

龍光寺から四十二番仏木寺《ぶつもくじ》は二・八キロ。仏木寺はお大師さんが開いたお寺で、本尊が大日如来であることから地元では「お大日さん」として親しまれている。また仏木寺は家畜を供養するお寺で、境内には家畜慰霊塔もある。ご詠歌に「草も木も仏になれる仏木寺なお頼もしき鬼畜人天」と詠まれている。現在では農業も機械化されているが、その昔農業にとって牛馬はなくてはならない存在であった。仏木寺はその牛馬の守り神として厚く信仰され、現在でも旧暦の六月の「丑《うし》の日」には人間や牛馬の病気を身代りのウリに封じ込めて川へ流す「ウリ封じ」の行事が行われていることでも知られている。この行事はお大師さんが疫病をウリの中に封じ込めて治したという言い伝えに由来しているそうだ。

山門を入ると境内の右手に法話が掲げられている。法話とはお寺として参拝者にいい聞かせたい説法のこと。「期待も過ぎれば大きな重荷。潰すな、子供のこれからを」とあった。自分の子供の登校拒否に苦しんだ親が一様にいうには「親が変わらなければ子供は変わらない」ということだそうだ。親にとって子供はかけがえのない大切な宝物。親は子供に対して早く大きくなれ、成績は一番になれとハッパをかけている。親のエゴであることも忘れて、期待感は大きく膨らむ。

子供にこれから必要な「羅針盤」ではなくて「速度計」を示している。仮に五十人のクラスだとすれば、一番だけが偉いのではない。二十番も五十番もみなそれぞれに偉いのである。

子供に寄せる期待が大きいことはよくわかる。しかし、その期待も度を過ぎればかえって子供にとって負担になりマイナスになってしまいかねないという警句なのであろう。

ある雑誌に「良き師との出会い」とのテーマで、次のようなエッセイが紹介されていた。

「ガキ大将で決して優等生ではなかった自分をいつも温かい目で見守ってくれたのが小学校二年の時に習った先生である。先生は師範学校を出たばかりの女の先生であったが、『あなたは何かを持っている。何かを持っているから伸び伸びとやりなさい』と励ましてくれた。この言葉は自分にとって大きな励みとなった。自分は先生のたった、そのひと言によりその後の人生を伸び伸びと過ごすことができた。苦しいことや逆境に出会っても、『自分には何かがある』というその気持ちが自分を楽天的にさせ、その後の人生を切り開く原動力となった。その意味で先生との出会いは自分の原点だといっていい。教育は教師だけでは限界があるのはたしかであるけれども、教師の力なしでは成立せず、教師の存在は誠に大きい。いずれにしても二十一世紀の教育は、子供達や若者達一人ひとりの才能や能力を引き出してそれらを最大限に開花させることができるような『多様な自己実現が可能な社会』を目指すものであってほしい」とあった。

ほめられれば才能は伸びる。ほめればその才能は刺激される。そして自信が湧いてくる。大事なことは子供の中にうずもれている美点や隠れた才能を教師や大人が発見してやることである。そしてその隠れた美点や才能に水をかけ肥料を与え、育ててやる。そうすれば必ずどんな子供でも立派になっていく。自信を持たせてやることが大事である。そして人間の才能を伸ばすためにはほめること。ほめれば自信がつく。

イエスは最高の教育者であったといわれる。忠告もせずにお前は駄目な人間だとレッテルを貼る世間や無責任な親たちと違ってイエスはさとし、ほめた。誰でもほめられればうれしい。ほめられれば悪い人も良くなり、能力がないように見える人の中からもすばらしい能力が引き出せるという。

仏木寺の法話に接するにつけ、本来あるべき教育とは、子供や生徒の個性や自主性を尊重し、それぞれが持ち合わせている長所やすばらしいものを引き出して、発展させること、つまり主人公はあくまでも子供や生徒であって、親も先生もその「手伝い」をすることだと改めて感じた。

アメリカインディアンの教えによると「心が寛大な人の中で育った子供は我慢強くなる。励ましを受けて育った子供は自信を持てる。ほめられる中で育った子供はいつも感謝することを知る。人に認めてもらえる中で育った子供は自分を大切にする」そうである。深い知恵が感じられる教えである。

四十三番明石寺《めいせきじ》へは十・八キロ。仏木寺での参拝を終えて歯長峠《はながとうげ》に向かった。歯長峠は仏木寺から次の明石寺へ行くにはどうしても越えなければならない峠である。歯長峠越えには山越えとトンネル抜けがある。「楽をとるか苦をとるかおのれの胸先三寸」の立て札があった。この峠へ向かう遍路道は勾配が厳しい山道で、鎖場もある。送電線の鉄塔を頂上の目印として一休みも二休みもしながら上った。やがて標高五百メートルの頂上に達すると、展望が開けて眼下に宇和海や周囲の山並みを見渡すことができた。それにしても歯長峠という奇妙な名前はどういう由来があって名付けられたのだろうか。頂上にあった案内版には次のように記されていて興味深く読んだ。

「多分に伝説的な人物である東国の武将足利又太郎忠綱は名だたる勇士で、源氏の出身ながら故あって平家側について功名を馳せ、その後源氏に追われて西国に逃れ、この地に居住した。力は百人力、声は十里四方に及び、その歯の長さは実に一寸余。又の名が歯長又太郎。ここで庵を結んだことから庵寺にも峠にも歯長の名がついた」（三間町教育委員会）と説明されていて納得した。宇和の入口でもあり、戦略上の要衝でもあったこの峠は、宇和と土佐勢の攻防の舞台であり、幾多の合戦のあと長宗我部軍に攻略されたと伝えられる。歯長峠の頂上で休憩して元気を回復、快い下りの遍路道を明石寺へと向かった。約十一キロ、四時間のコースであった。

明石寺は「あかしじ」ではなくて「めいせきじ」と読む。現在の明石寺の明石住職は五十一代目に当たるそうであるが、こちらは「あかし」と読ませるのでややこしい。境内の案内板によると、本来の名は「あげいしじ」であるが、現在は「めいせきじ」と呼ばれている。土地の古老たちはこの寺を親しみを込めて「あげいしさん」または「あげしさん」と呼んでいる。その昔、千手観音が乙女に身を変えて大きな石をこの山に運び上げて、こもった。このことから霊地とされ大石を上げたことから「揚げ石」とされ、現在の明石（あげいし）の呼び名がでたそうだ。

納経所でおみくじを買った。前回が「凶」だったので不安が少しよぎったが、「大吉」だった。やはりおみくじで一番気になるのが吉凶の判定。「大吉」が出ると心も何か浮立つものがある。そのおみくじに「第四十三番（札所）」というスタンプを押してもらった。おみくじを買ったとしてもその札所名が印刷されていないので、あとになってどこの札所のものだったのか分からなくなってしまうからである。また別の札所で同じことをお願いしたら、「そういうことはするものではない」と断られた。しかし、あまりこだわることでもないように思う。

おみくじが庶民の間に広く利用されるようになったのは、江戸時代に入ってからといわれる。おみくじの原型とされる「元三大師百籤」の一連番号は一番から百番まで。そのうち大吉十六本、吉三十五本、半吉十二本、末吉七本、そして凶は三十本という割合で構成されている。つまり、「吉」が全体の三分の二、凶が三分の一という割合になっているようだ。それにしても「凶」の割合が三割も占めているということは驚きであった。

「徒然草」によると「吉凶は人によりて日にあらず」という。「吉と凶とは実行する人によって決まることであって、そのする日により決まるものではない」と述べている。毎日毎日がいい日である「日日是好日」の心で生きるためにはどんな日でも「良き日」へと「転ずる心」が必要である。「転ずる心」とは角度を変えてものを見ること。「雨の日はいやだ」と思うのではなくて「雨の日も風情があっていい」と角度を変えて考えること。そして「転ずる心」があればどんな日であっても「良き日」ではない日はない。その日が吉であるか凶であるかは日によって決まるのではなくてその日をどう生きるか、その人の心次第であることを示している。

ところで人間の年齢の計算方法にも「満」と「数え」の二つがある。西洋的発想によれば、母の体から生まれた時で、この世に生れ出て産声を上げた時がゼロ歳、しかし、東洋的発想では母の胎内に生命が宿った時から計算し、母の胎内にいる十ヶ月が含まれているので生まれ出てきたときは一歳である。いずれにしても、ゼロ歳の起点を実際に生まれた「現在」におくか、母の胎内に宿ったときにおくかの違いで、どちらが正しいというものではないが、その発想の違いは興味深いものがある。同様に欧米では「己の欲することを人に施せ」、東洋では「己の欲せざることを人に施すなかれ」という。同じことをいっているが肯定的と否定的との発想のちがいがある。

宇和町の明石寺から大洲《おおず》市、内子《うちこ》町を経由して久万高原《くまこうげん》町の四十四番大宝寺《たいほうじ》までの道のりは、七十・二キロにも達する。札所の中でも三番目の長丁場である。仮に一日三十キロを歩くとしても、途中で少なくとも二泊しないとたどり着けない。山間部を通るので、その途中には鳥坂《とさか》峠《とうげ》、下坂場峠《しもさかばとうげ》、鵯田峠《ひわだとうげ》と三つの峠を越える。

大洲《おおず》市はかつてNHKで放送された「おはなはん」の舞台となった城下町。城下町のたたずまいが漂う大洲市内を散策していると、大洲藩主の菩提寺である曹渓寺《そうけいじ》の山門に次のような法話が掲げられていた。「いまなさざれば、なす時ぞいつ。君なさざれば、なす人ぞだれ。いまなすべきなり。君なすべきなり。時は待たず。人もまた往く」。この法話は時間があわただしく一方的に過ぎ去る中で「実践の重要性」を説いているものと受け止め、人生はとにかく動き出すこと、行動することだと改めて強く感じた。たとえ良い考えが浮かんだとしても実践しなければ何にもならない。宗教の本来の役割の一つは、この法話のように現実に生きている人間に対して「生きる知恵」を授けることだと思う。

大洲市内を過ぎると左手に番外霊場の十夜ヶ橋永徳寺《とよがはしえいとくじ》がある。お大師さんがこのあたりに来た時に日が暮れた。一夜の宿を乞うたけれども誰ひとりとして宿を貸す者がいないので、橋の下の河原で一夜を明かした。冬だったので寒風が厳しく、一夜も十夜にまさる想いで過ごした。「行き悩む浮世の人を渡さずば、一夜も十夜の橋と思ほゆ」。このご詠歌により、十夜ヶ橋と呼ばれるようになった。「橋を渡る時に杖をついてはいけない」という風習は、この故事にちなんでいる。

内子《うちこ》町はハゼの実から取った木蝋《もくろう》を十八世紀にヨーロッパの教会用のローソクとして輸出し、財をなしたところである。古い町並みも昔のままに保存されていて、道なりに行くと内子座もある。小田川の清流沿いに走る国道三七九号線を歩いていると、長岡山トンネルの手前で手押し車のお遍路さんに出会った。菅笠をかぶり白装束姿の、七十代に見える女性のお遍路さんであった。手押し車で四国を一巡するのに四ヶ月かかるという。だから一年に三回四国を巡る。結願寺の八十八番大窪寺まで行くとまた一番霊山寺から振り出しに戻るというように、これまで三年間四国を連続して回りっぱなしで、現在十回目を巡っているそうだ。

手押し車にはテント、炊飯、ボトル、簡易ベッドなどがぎっしりと紐でくくりつけられ、完全野宿の体制が整っている。試みに押してみたら意外と重く感じられた。手押し車は雨よけ、風よけ、雪よけ、人よけに重宝しているという。でも怖いのは下り坂。ブレーキがないのでスピードが出て危ないと思ったら手押し車を道路の左の壁にぶつけて止めることにしているそうだ。風呂に入る代わりに石鹸水で体を拭けばそれですっきりするとか。いつまでに帰らないといけないとか、今日はどこまで行かなければいけないという制約もしがらみも一切ない。何も考えないのでストレスなんかもないという。

やがてしばらく行くと、トンネルをでた左側に「お遍路無料宿」があった。「今日はここで泊めてもらおうかな」とお遍路さん。一切のしがらみやこだわりから解放されて手押し車を押しながらマイペースで行くお遍路さんは笑顔があふれ、その目は輝いていた。あたかも色々な制約から解放されて自由自在なお遍路の旅を楽しんでいるかのようで、お遍路の原型を見る思いがした。

小田川《おだがわ》は内子町の「突《つ》き合《あ》わせ」で左右に分かれ、大宝寺へのコースは大きく二つのルートに分かれる。一つは「突き合わせ」で右折して農祖峠《のうそとうげ》を経由し、国道を進み四十五番岩屋寺を先に、大宝寺はそのあとで巡るという一部逆打ちのコース。もう一つは左折して下坂場峠《しもさかばとうげ》を経由し鶸《ひわ》田峠《たとうげ》を越える古い遍路道をたどるコース。地元の人によると、お大師さんが通ったルートは鶸田峠越えなのに、ＮＨＫの番組では農祖峠越えを採用したそうだ。鶸田峠コースは標高六百メートルの下坂場峠、七百九十メートルの鶸田峠を越えなければならない。鶸田峠はお大師さんがここを通過した時、これまで続いていた長雨がやっと晴れ「日和《ひより》だ」といったことが名前の由来だという。鶸田峠から急な坂を下っていくと久万高原町《くまこうげんちょう》に出る。

三巡目の折、伊予の遍路旅の前半は峠が多かったことに気づいた。松尾峠にはじまり柏坂峠、松尾峠（宇和島）、歯長峠、鳥坂峠、下坂場峠、鶸田峠、そして最後が三坂峠《みさかとうげ》。そして峠が多いことばかりではなく、距離も長かった。観自在寺から岩屋寺（久万高原町）までは七日間を要したにもかかわらず、巡った札所はたったの六ヶ寺にすぎなかった。特に明石寺から大宝寺までの道のりは七十・二キロもあり、その途中で二泊しなければ到着できなかった。その一方で松山市に八ヶ寺、今治市に六ヶ寺、小松町周辺に五ヶ寺というように瀬戸内海に面する三ヶ所に十九ヶ寺（七十二パーセント）が集中していて、伊予は札所の存在が地域的に偏っていることが伺える。

大宝寺は文武天皇の勅願によって当時の「大宝《たいほう》」という年号をとって大宝寺とされた、いわゆる年号寺である。年号としての大宝は七〇一年から七〇四年までの足かけ四年という短い期間であるが、「大化の改新」の完成、律令国家の確立を目指して編纂された「大宝律令」が制定された時期でもある。お大師さんは七七四年生まれなので、まだ生まれていない。それほど遠い昔のことである。

大宝寺は四国八十八ヶ所の中でちょうど半分、中間点にあたる。だから「中札《ちゅうさつ》」と呼ばれている。そのためにここから札所巡りをはじめるお遍路さんも少なくないそうだ。

お大師さんが大宝寺の近くにやってきた時、「お久万《くま》」というおばあさんからお茶のお接待を受けた。お大師さんは大変感激し、おばあさんに何か願いごとはないかと尋ねる。するとおばあさんは「山の中のこの地方が後々まで栄えることが望みです」と答えた。お大師さんは「きっと望みは叶うだろう」といってこの地を去ったが、その言葉通りに栄えて行き、おばあさんの名前をとって「久万町《くまちょう》」になったという微笑ましい言い伝えもある。

大宝寺から裏山を越えて四十五番岩屋寺《いわやじ》へ向かった。距離は九・一キロ。峠御堂《とうげみどう》トンネルを越えてしばらく行くと、右手に下る遍路道があることに気づき、小さな坂を下って行った。目にとまった「河合の遍路宿」という案内板には、次のように書かれていた。「この付近は当時十五軒の遍路宿が建ち並び春の彼岸の頃には一晩三百人からの泊り客があり接待に忙しく賑わった。お遍路さんたちは「河合の宿」に荷物を預けて岩屋寺を打ち終わると、来た道を引き返して河合に帰る。これを『打ち戻り』といって珍しい巡拝コースである」とあった。たしかに現在でも数軒の遍路宿らしき建物があり往時が偲ばれたが、この河合の遍路宿が「打ち戻り」の原点になっていることをはじめて知った。八丁坂入口から遍路道は本格的な上りとなり、頂上付近に茶店跡がある。

八丁坂の遍路道を下ると、岩屋寺の山門の手前四百メートルに「逼割行場《せりわりぎょうば》」がある。ここは開山の法華仙人がお大師さんに通力を見せたところと伝えられている。入口には鍵がかかっており、納経所で鍵を借りてきてはじめて上ることにした。「上から小石などを絶対に落とさないように注意すること」「行場ですから遊び気分で上ってはいけません」「不注意でけがをしても責任は負いません」との注意書きがあって少し緊張した。巨大な岩の裂け目を「第一の鎖」と「第二の鎖」につかまりながら一人がやっと入れるくらいの岩の間を上って、やがて踊り場のような場所にでた。最後は二十一段の梯子。梯子を伝って上ると白山権現《はくさんごんげん》が祀られている頂上にでた。そこからの眺望は三百六十度のパノラマで絶景であった。上り下りに要した時間は約三十分であった。

山門を下ると岩屋寺の境内はそそり立つ岩場に囲まれ、本堂は巨大な岩壁にへばりつくように建てられている。訪れたとき納経所に次のような法話が掲げられていた。花が咲くためには一つの力だけではできない。種が花になり、実を結ぶためには土や水や肥料の助けが必要である。物事が上手く行くためには少なくとも次の三つの力が必要だという。①「我功徳力《がくどくりき》」自分のやる気と努力工夫の積み重ね。②「如来加持力《にょらいかじりき》」理屈だけでは説明しにくい不思議な力。運命の計らいのようなもの。③「法界力《ほっかいりき》」しかける力を完成に結びつけるさまざまな助けや条件。要するに自分一人の力でできたと思い込みがちであるが、見えないところに働いている力を感じることが大事だということであろう。同様に、事業や仕事を成功させるためには三つの条件がそろわなければならないといわれている。「天の時は地の利にしかず、地の利は人の和にしかず」（孟子）。つまり、天の時（実行のタイミング）、地の利（立地条件）、人の和（内部の団結）の三つが必要であるが、孟子はこのうち「人の和」がもっとも重要だと述べている。

逼割行場の階段

　また別の機会には八丁坂コースではなくて国民宿舎古岩屋《ふるいわや》荘から表参道をとおり岩屋寺に上ったが、本堂までの上りが約七百メートル。というのは仮急な上りが続き、ある意味において最大の難所である。この麓からにバス遍路や車で行ったとしても、麓までしか行けない。急な坂を上って本堂に達するためには三十分ほど自分の足で歩くよりほかないからである。岩屋寺へ上がる坂道はきつい。特に山門を過ぎてからが長く、きつい。その参道には杉の大木が生い茂って御山に分け入る感じがする。さらに上って行くと岩山がそそり立ち、垂直に切り立った岩山の壁は容易に人を寄せ付けない。

やがて海抜六百五十メートルの岩山に到着すると岩にへばりつくように本堂、その左手に大師堂が岩に食い込むかのように建てられている。本堂の脇に梯子が掛けられていて、これまで何回も試みたが、怖くて上れなかった。お遍路さんが転落して死亡するという事故も起こっている。しかし、今回ははじめてすいすいと上ることができた。同行のお遍路さんが上る要領を教えてくれたからである。それはこれまでのように梯子にしがみつくのではなく、しっかりと梯子に手をかけたからには梯子と自分の胸との間にできるだけ大きな「すきま」を作って動きやすくすることがポイントと教わった。はじめて見る階上からの展望は視界が開けてすばらしかった。

参道の上り口に「岩屋寺も人生もまだこれからだ」とあった。「もう」と考えるか「まだ」と考えるかによって、たとえ対象は同じであったとしても、気持ちの持ち方は大きく変わってくるものである。たとえば、ガラスのコップの水の量を「もう半分しかない」と「まだ半分もある」との二つの見方ができる。いずれが正しいという問題ではない。どこが違うかといえば「まだ半分もある」と考える人は肯定的に判断し、「もう半分しかない」と考える人は否定的に判断していることである。

同じ半分の水を見て肯定的に判断するか、否定的に判断するかは天地の開きがあることはいうまでもない。「もう半分しかない」という発想はマイナス思考に該当し、「まだ半分ある」という発想はプラス思考に相当する。「岩屋寺も人生もまだこれから」と考えると心の余裕ひいては人生に対するゆとりも違ってくる。岩屋寺にお参りして気づいたことは、「まだこれから」という気持ちを持って人生を前向きにフルに生きて行くことが大切であることだった。

四十六番浄瑠璃寺《じょうるりじ》へは十五・六キロ。松山市内にはこの浄瑠璃寺から五十三番円明寺《えんみょうじ》までの八ヶ寺があり、少し無理をすれば一日で回ることも不可能ではない。松山市と高知市を結ぶ国道三三号線を右折して三坂峠に到着すると、眼下に松山市内、瀬戸内海を見渡すことができる。三坂峠はかつてはドライブインもあって賑わっていたが、多くの車は最近完成したバイパス道路を通るので、通る車もなく閑散としていた。

高低差四百十メートルの三坂峠を下ってくると、八キロ先に浄瑠璃寺がある。「松山八ヶ寺」と呼ばれる最初の札所である。石段を登って境内に入ると奥まったところに本堂、その右手に大師堂、左手の庫裡《くり》に納経所がある。境内には天然記念物の伊吹柏槇《いぶきびゃくしん》が生い茂っている。本堂の左手には仏足石（お釈迦さんの足跡を石に刻み信仰の対象としたもの）があり、ＮＨＫの放送で取り上げられて有名になった。

平成二十四年（二〇一四）秋のお遍路の際、三坂峠を下ったところに「坂本屋」があった。かつては遍路宿であったが、最近は地元の人々が週末の土曜日と日曜日にお接待をしており、幸運なことにお接待にあずかることができた。

「坂本屋」から浄瑠璃寺までできるだけ本来の遍路道を歩くように心がけ、「遍路シール」の案内を見落とさないようにした。そのおかげで「網掛け大師堂」や巨大な「網掛け石」にも出会えた。その「網掛け石」の表面には不思議なことに網目模様が入っている。Mさん宅では「お接待です。四十六番まで一・八キロ。ご自由にお取り下さい」とあり、イスに座って休憩しながらお茶をいただいた。本来の遍路道を歩くことは実に趣があって楽しい。

戦後の日本は欧米に追い付け、追い越せをスローガンに掲げ、一貫して物質的な豊かさを追い求めてきた。経済を発展させ、所得を上げ、ほしいモノを次々に手に入れていくことが幸せにつながる、そんな価値観の下にひた走ってきた。その結果、GDP（国民総生産）は驚異的な勢いで伸び続け一九六八年にはアメリカに次いで第二位に躍り出て、国民の大多数が自分は中流だと思えるようになった。たしかに経済成長のおかげで国民生活は豊かになった。尊重されたものは、「数量化できるもの」、「目に見えるもの」で、その代表格は「数字」。「経済成長、つまり量的な拡大が幸せをもたらす」という単純な原理への信仰が、戦後長い間支配してきた。しかし「少欲知足」といわれるように、豊かだな、ありがたいなという心がなかったら、どんなにモノがあっても感謝の心がなかったら何も生かされない。「足るを知る」、「感謝する」という心がないままに日本人は戦後、「経済だけ、豊かさだけを求めて走ってきた」ように思われる。

バブル崩壊を機にモノ優先の社会のもろさ、経済的繁栄に対する不信感が一気に噴き出して人々は内面的な豊かさ、心に目を向けるようになってきた。量的な拡大を追い求めるのではなく、人生の満足、生きがいといった質的充実を求める方向へ大きく関心が移っている。「目に見えるもの」と「目に見えないもの」、量と質。あれかこれかの二者択一ではなくて、いずれも大事であるとする複眼的な見方が現在ほど求められる時はないように思う。

（2）念ずれば花開く

浄瑠璃寺から四十七番八坂寺《やさかじ》へはわずか九百メートルで、札所の中でも最も近接している札所の部類に属する。かつてこの寺の伽藍を造成する時、八ヶ所の坂道を切り抜き道路を作って創建したので八坂寺という寺号がつけられた。大師堂の前のベンチに座って休息していると、ひっきりなしにお遍路さんが訪れ、その姿を見るにつけもお大師さんに寄せる庶民の信仰の厚さがひしひしと感じられる。
境内の大きな桜の木の枝には、「生活は簡素に、心は豊かに」「心広々とさわやかに生きる」な

どという句が、思い思いに掲げられていてお遍路さんの生き方がよく表れていた。お遍路を通じて自己中心的な発想の間違いに気づき、両親、兄弟、親戚、友人そして多くの知人に支えられ、さらに自然の恵みも一杯に受けて現在の自分があることに気づかされる。いってみれば「生かされて生きている」という自覚と「感謝の心のめばえ」であり、お遍路の旅にとって必要な第一歩かもしれない。お遍路とは「まえがき」で述べたように、お大師さんの生き方を学んで実際の生活に活かすことである。

それは①こだわりのない、さわやかな生き方、②この一瞬、「現在」を大切にする生き方、③行動、実践を重視する生き方、④感謝の心を持つことの大切さ、⑤利他の心の大切さなどを遍路を通じて学び、それらを日常生活の中で活かして行くことである。

お遍路の旅は「出会いの旅・気づきの旅」とも、「自分探しの旅」ともいわれている。しかし、歩き遍路の場合、四つの条件（健康、時間、お金、環境・条件）を同時に満たさなければ実現しない。しかし、現実には同時に四つの条件を満たすことはむつかしい。たとえば健康に恵まれているけれども時間がない、あるいは反対に時間には恵まれているが健康に恵まれていないというように。従って、歩き遍路ができることは健康にも時間にもすべての条件が満たされているということを示していて、ある意味において「もっとも贅沢な旅」である。そのことに気づけば、お遍路ができることは本当にありがたいことだと思う。

境内に「念ずれば花開く」の石碑がある。作者の坂村真民《さかむらしんみん》は、松山の重信川近くの砥部町《とべちょう》に移り住み詩作にふけった。「念ずれば花開く」はその代表的な詩である。二〇〇六年九十七歳で亡くなり、二〇一二年に坂村真民記念館が砥部町にオープンしている。

「念ずれば花開く。苦しい時、母がいつも口にしていたこの言葉を　私もいつのころからか唱えるようになった。そうしてそのたびに　私の花が不思議と一つ一つ開いていった」。この「念ずれば花開く」は三十六歳で未亡人となった作者の母の念仏といっても良く「自己激励の言葉」でもあった。五人の子供を必死に育て上げようとする「悲願の念誦」であったという。「この念ずれば花開く」は、あたかも必死に念ずればその思いは必ず通じるという念誦のようなもので、その石碑は四国の札所のほかにも長野市の善光寺など全国各地にたてられている。

たしかに願わないことはかなわないが、願ったことが必ずしもすべてかなうものではない。しかし何か願い事があれば「必ず実現する」と自分に向かっていい聞かせる。「こんな夢実現するはずがない」と思うのと「必ず実現する」と断定するのとでは実現の可能性が天と地ほど違ってくる。「念ずれば思いは必ず天に通じる」という信念は心の底に無意識にしみこみ、それが力となって自分の夢を実現させる方向に持っていくことは充分にありうることである。

八坂寺から四十八番西林寺《さいりんじ》への距離は四・五キロ。最近では多くのお遍路さんは久谷《くたに》大橋を通るが、旧遍路道は久谷大橋の手前から重信川《しげのぶがわ》に降りてここを渡る。川は小石だらけで水はほとんどない。西端さかえ『四国八十八ヶ所遍路記』によれば、「四十八番西林寺に進む。途中の重信川には橋はない。『へんろ道』の道標のあるところから堤を下りて川原を渡るのであった。幸い対岸に人がいたので惑わずに渡ることができた」とある。昭和三十三年（一九五八）のことで、この時点ではまだ重信川に橋がかかっていなかったことが伺える。

その西林寺は西林寺橋を渡って数段降りていくと境内に通じている。境内は川面よりも低く、用水路に囲まれるように立っている。多くの札所が遍路道から石段を上がるようになっていることに比べると異例である。こうしたことから「罪のあるものは奈落《ならく》の底に落ちていく」といわれて「伊予の関所寺」とも呼ばれている。境内に入ると正面に本堂、右手に大師堂、左手に最近完成した本坊の中に納経所がある。またお大師さんは旱魃《かんばつ》に苦しむ村民を救うために杖をところどころについて清水が湧く水脈を発見、この伝説の水はどんな日照りの時でも涸れることなく、「杖の淵公園」はその遺跡とされ「全国名水百選」にも選ばれている。

西林寺にお参りした時、近所のおばあさんが車一杯にみかんを積んで山門の近くで「お接待です」といって差し出していた。毎年春のお遍路さんが増える三月になるとお接待しているという。いただいたミカンは甘みがあって大変美味しかったが、その温かい気持ちが伝わってきて一層美味しくさせているにちがいない。

お接待は善根宿と同じように「遍路を取り巻く信仰文化から生まれた風習」で、お遍路さんをお大師さんの身代わりとして尊敬し、崇拝しようとする気持ちの表れである。四国に住む人々の人間愛、隣人愛がほのぼのと伝わってきてうれしく感じられる。「六波羅蜜《ろくはらみつ》」の中に「布施《ふせ》」という徳目がある。布施は「布を施す」と書く。語源的にはインドで体にまとう袈裟《けさ》を作るのに必要な「布を施す」ということから発しているそうであるが、いつの間にか「物をあげる」という意味になった。しかし、布施は必ずしも財物だけとは限らず、他人に和らいだ笑顔で接し、やさしい、いたわりの言葉をかけることも立派な布施である。ただ、布施で注意しなければならないことは「相手に恵んでやる」という気持ちがあれば、その瞬間に布施でなくなってしまうことである。布施はさせていただくのであって、布施をして感謝すべきは与えた側であって受け取った側ではないとされている。

人間は他からもらうこともたしかにうれしいにちがいないが、聖書にも「与えるは受くるより幸いなり」という言葉があるように、他の人に与え他を喜ばすことに、より大きな喜びを感じるということがあることも否定できない。とはいいつつも、お接待はあくまでも先方の気持ちの表れであって、受け取る側にその権利があるわけではないことはいうまでもない。自己中心的、利己主義的傾向が強まる我が国の現代社会において四国に伝わるお接待という風習は崇高な利他の精神の表れで、すばらしい心とその実践であるように思われる。四国に伝わるこのすばらしい風習は、お大師さんへの信仰とともにこれからもずっと残ってほしいものである。

このお接待という風習が残っている理由としては、次のことがあげられる。最初にお遍路さんを大師信仰の求道者として遇したこと。その当時四国霊場は遠く、道路も劣悪で宿も少なかった。しかも札所の数は八十八ヶ所と多く日数も五十日以上を必要とし、健康への不安も大きかったからである。

次に身代わり巡拝を頼む気持ちがあったこと。四国の人々は「地の利」を活かしてその気になりさえすればいつでも自由に札所巡りをすることができるように思われるかもしれない。しかし、一度は歩いてお参りしたいと思っても距離も千二百キロと遠大で五十日前後の日数がかかることもあり、現実にはなかなか思うようにならない。そこでお遍路さんにお接待をすればお接待を受けたお遍路さんが自分の身代わりになって巡拝してくれるという考えが生まれたとしても不思議なことではない。たとえばトラックの運転手さんがわざわざ降りてきて百円硬貨のお接待。

「自分が行けないから」というケースは身代り巡拝のケースに該当する。

三番目には善根を積み、功徳を得たいという大師信仰があること。お接待とは前述のようにお遍路さんを通じてお大師さんに施しをする行為となり、その施しはやがて自分に戻ってくるという信仰に基づいて現在も続けられているのである。

そして四番目に「接待返し」。春の遍路シーズンに毎年五百個のおはぎを作っているKさんは「一九七八年にはじめて歩き遍路に挑戦したが、その道中で地域住民から受けた心遣いに心から感動した。呼びとめてお弁当をくれたり、日が暮れかけると自宅に泊めてもらったり、本当に助かった」と振り返る。旅を終え、「助けてもらった恩返しに遍路の旅を支えよう」と決心。疲れた体を癒してもらおうと甘い味のおはぎの提供をはじめた。「すばらしいものを食べさせてもらった」と感謝されるとやめられないという。この場合のお接待は、いわゆる接待返しと呼ばれるもので四国に住む人々に多いように思われる。

いずれにしても、お接待はただ一つの動機ではなくて、多くの動機が重なっているように思う。そしてそこに共通しているのは「他人の喜びを自分の喜びとする」ような、すがすがしい「利他の心」に根ざしていることはたしかである。

お接待を受けたお遍路さんは、そのお礼として自分の「納め札」を渡す習わしとなっている。そしてお遍路さんからもらった「納め札」を俵に入れた天井からつるしておくと「魔除け」になるとされている。

西林寺から四十九番浄土寺《じょうどじ》への距離は三・一キロ。その浄土寺は平安時代の中期に空也上人《くうやしょうにん》が三年間住んだといわれる由緒あるお寺である。空也上人といえば「踊り念仏」の開祖で、やせて腰の曲がった身体に粗末な衣装を身にまとい、杖をついて鉦をならして京都の市中を行脚し当時の人々から「市《いち》の聖《ひじり》」と親しまれた。天暦五年（九五一）に京都を中心に疫病が流行した時、空也は十一面観音像を自ら刻んで市内を引きまわり念仏を唱え、混乱におののく民心の安定を図った。そして疫病で亡くなった人々を供養するために京都に六波羅蜜寺を建立した。

このように「踊り念仏」はすでに空也上人が広めていたが、ある人が「念仏はいかが申すべきや」と聞いたのに対し空也は「捨ててこそ」とだけ答えてあとは何もいわなかったという。その空也上人がこの浄土寺に三年間滞在したことから「空也上人像」がある。この地を去る時に「せめてお姿だけでも留めておいてほしい」という村民の要望に応えて刻んだのが、自像の「空也上人像」といわれている。空也の吐く息から飛び出している六体の如来（仏像）は「南無阿弥陀仏」という六文字を意味しているそうだ。

お遍路さんの菅笠や金剛杖に書かれている「同行二人」とは、お遍路でお大師さんと一緒に歩く、つまり専ら一人で歩くという意味だとこれまで理解していた。しかし、「お大師さんと一緒に歩く」ということは、いい換えれば「もう一人の自分」と一緒に歩く、つまりお大師さんとは「もう一人の自分」であるという考えがあることを最近になってはじめて気づいた。「自己と向き合う」とは「自分」と「もう一人の自分」とが向き合うことであるから、お大師さんが「もう一人の自分」であると受け止めても不思議なことではないように思う。

「自己を知る」ことは「自分とは何か」という自己探求からはじまり、人間である限り多かれ少なかれ抱く疑問であり、避けて通れない関門である。そういう意味において「自己を知る」ということは、人間の思考の出発点である。しかし、自分のことは自分が一番分かっていてもよさそうなのに実際には自分のことがほとんど分かっていない。我々は常々あまりにも自己の外にあるものに目を奪われて「自己を見つめる」ことを忘れている。「何が最も難しいか」と問われて「自己を知ること」といわれるほどである。自分の知っていることは何か、知らないことは何か、その区別をはっきりさせることが「知る」ことである。「私は自分が何も知らないことを知っている」（ソクラテス）という箴言《しんげん》は、おそらく自分を深く見つめた結果、気づいた知恵だろうと思う。

「自己と向き合う」ことは、前述のように欧米諸国では日曜日に教会に出かけて牧師さんの話に耳を傾けるなど日常的に行われていることであるが、我々はいつ、どのように自己と向き合っているかといえば、実に心もとない。実際のところ、ほとんどそのような習慣もなく、自分にとっては歩き遍路が唯一、最大の場になっているといっても過言ではない。しかし、「人生とは自己とのかかわりの深さで決まる。自己を見つめ自己と対話していく中で心は磨かれていく」とすれば、たとえその答えが容易に見つからないとしても、「自己と向き合う」ことは大切なことだと思う。

「自己と向き合う」ことは、自己を客観的に見つめることだとすれば、「同行二人」のお大師さんとは、自分の心の中にある「もう一人の自分」であることも充分にうなずけるように思う。

最初の遍路バスは昭和二十八年（一九五三）に松山市の伊予鉄が全国に先駆けて企画した。その当時四国遍路の旅といえば、汽車や路線バスなどを乗り継いでどんなに効率よく回ったとしても一ヶ月程度が必要であったが、巡拝バスの誕生により十五日間に短縮された。初年度には一台、十二年目には百台と、その後も年を追って飛躍的に増加を続け最近では毎年数千台、三万人を超すお遍路さんを案内しているといわれる。

健康上の理由や時間的な都合で「歩き遍路」に出かけることができない人々に大いに役立ったにちがいない。その昔、お遍路といえば歩くことであった。しかし、現在のお遍路は遍路バスやマイカーでの遍路が一般的となっていて「歩き遍路」の数は年間五千人程度といわれ、いわば少数派に属している。

浄土寺から五十番繁多寺《はんたじ》は一・六キロと近い。地元で「畑寺《はたでら》」として知られる繁多寺は、行基菩薩の開基で、孝謙天皇の勅願寺であった。この寺は二つのことと関連が深い。一つは一遍《いっぺん》上人との関係である。伊予に生まれた一遍上人は、繁多寺で数年間、学問修行を積み、その後「捨て聖」と呼ばれ、すべてを捨てて念仏を広めるために全国を歩いた。もう一つは京都との縁である。応永元年（一二九四）京都東山の泉涌寺《せんにゅうじ》の住職が、後小松天皇の命を受けて繁多寺の住職となる。これを契機に高僧が相次いで繁多寺の住職となった。京都の泉涌寺が皇室の菩提寺である関係から繁多寺には十六弁の菊の紋章がついた瓦が残されている。山門も泉涌寺の勅使門《ちょくしもん》になぞらえて造られている。

現代はストレスが渦巻く時代である。現代人が生きて行くにはストレスは避けて通れないともいわれる。ストレスの初期の段階ではなんとなく気分がすぐれない、夜眠れない等の症状が起こり、人間の身体は一種の「防御反応」を起こすが、余りに多いと耐えきれずに挫折感、不安感などが引き金となって心身症などの「心の病」を引き起こす。しかし、「ストレスがなければ人間はダメになる。適度のストレスが人間を強くする」という考えもある。

つまり人間が健康な状態で生活するためには、適度のストレスが必要であるというのである。

現代人がストレスを避けて通れないとすれば、ストレスを深刻に受け止めるのではなく、「柳に風」とばかりに受け流す知恵が必要なのであろう。大事なことはストレスがなくなることではなく、ストレスの受け止め方である。気持の持ち方一つで人生は暗くなったり明るくなったりするのだから。

「寿命という点では自然は、動物たちに人間の五倍も十倍も長い一生を与えておきながら、数多くの偉大な仕事のために生まれた人間には遥かに短い期間しか与えていない」とアリストテレスはいう。他方、古代ローマの哲学者セネカは「我々が人生を短くしている」として次のようにいう。

「人間に与えられた寿命は決して短くはない。我々自身が寿命を短くしているのである。人生は十分に長いのである。上手に使えば偉大なことをいくつもいくつも成し遂げられるほどたっぷり与えられている。我々に授けられている命は短くはない。短くしているのは我々自身なのだ。我々が無駄に使っているのである。人生を正しく管理する者にとっては寿命が短すぎるということはない」と述べている。いずれの考えももっともであるが、我々に与えられた寿命が限られているので、無駄にしないように精一杯生きることが大事であることはたしかなようだ。

繁多寺から五十一番石手寺《いしてじ》へは二・五キロ。石手寺のある松山市は、人口四十五万人を擁する四国最大の都市で「いで湯とお城と文学のまち」としても知られている。市内には松山城、道後温泉、子規記念博物館など見るべきものが少なくない。道後温泉は昔からお遍路にとって長旅の疲れを癒して一服する場所であった。石手寺は松山の道後温泉の近くにあることから観光客の参拝も多い。回廊を進むと、鎌倉時代に建てられた大きな仁王門は、国宝に指定されている。仁王門の両側には高さ二・五メートルの仁王像と大わらじ。このわらじは長さ四・五メートル、横一・五メートルもある巨大なもの。四年に一度更新されており、約三トンのワラを使って信徒会のメンバー約五十人が三日がかりで編み上げるという。このわらじの奉納は、お大師さんがわらじをはいて四国を巡ったことにあやかって元気に歩いて回れますようにという健康祈願の願いが込められているのであろう。境内に入ると正面に入母屋作りの本堂があり、薬師如来が本尊として祀られている。境内の右手にある優美な姿の三重塔は本堂とともに重要文化財に指定されており、石手寺は文化財の宝庫である。

境内には俳句の盛んな松山を反映して多くの句碑がある。「しあわせの鐘のわたりて去年今年《こぞことし》」「身の上や御籤《みくじ》を引けば秋の風」。後段の俳句は正岡子規の句で鐘楼《しょうろう》の近くにある。子規は若くして病に倒れ明治三十五年（一九〇二）九月に東京の根岸で三十六歳の若さでこの世を去った。石手寺の境内で子規が買い求めたおみくじが「吉」ではなくて「凶」と出たことから病気が重いことを神仏に知らされて詠んだ気持ちがよく分かる。同じく子規の俳句に「柿食うも今年ばかりと思いけり」がある。自分の病気が重く好物の柿を食べるのも今年が最後になるとの思いが込められている。

平成二十二年（二〇一〇）二巡目の春、松山市内を歩いていた時、ここは正岡子規の出身地で、俳句のふるさとであることにふと気づいた。「歩き遍路」は四国の豊かな自然や文化に出会うので、そういう意味において毎日がいわば吟行しているようなものである。遍路の途上ではさまざまな風物に出会う。句材にもたくさん出会う。歩き遍路は俳句を作る絶好の機会であり、気づいたこと、感じたことを俳句に詠んでみたいと思った。

入門書を読むと、俳句は十七音で季語が一つだけ入っておればいい。俳句の基本リズムは五、七、五。作る手順はまず俳句に読みたい季語を見つける。次に季語に直接関係ないがイメージの近い十二文字の文を作る。十二文字＋季語、または季語＋十二文字の文を作ればいいとされる。しかし、実際には単に自然の情景を詠むだけでは不十分で「自然描写七＋詩情三＝俳句」といわれるように、詩情を詠み込むことが不可欠である。

俳句を作るようになってしばらくしてから、ある句会に参加することになった。この句会の進行は、「投句」→「清書」→「選句」→「披講」→「選評」という流れで進められる。「選句」は五句選で、「披講」で主宰者によって自分の句が読まれた場合にはすかさず名前を名乗る。最近では時々選句されるようになった。選句されると励みにもなる。そして最後が「選評」。句会の中でもっとも勉強になり、俳句を通して深い連帯感が生まれる場でもある。

①単に自然描写するのではなく、少しでも「詩情」を入れて詠むこと。詩情がなければ俳句にならない。②強い働きをしている切れ字は一句の中に一つ。③リズムが大事なこと、などはすべて実際の「選評」の場で学んだことである。

また、句会の効用として句会があるからそれに合わせて俳句を作るという面もある。句会がなければなかなか俳句を作らないだろうから句会の効用は大きい。

俳句に詠もうと思ってお遍路をしていると、そうでない場合に比べてものの感じ方や受け止め方が敏感になり、感受性が豊かになる。実際に作ってみることによって俳句の楽しさ、難しさも分かってきた。俳句関係の本にも「俳句は解説本を何冊読むよりも実際に句を作ることが大事」とあった。これからの「歩き遍路」の楽しみがまた一つ増えたように思う。

石手寺から五十二番太山寺《たいざんじ》へは十・三キロとかなり長い。太山寺に向かうために松山の護国寺付近を歩いていた時、お年寄りのおばあさんが自分に向かって手を合わされて恐縮してしまった。お遍路をお大師さんの身代わりとして遇する気持ちが強いことが伺えた。

太山寺の境内は広い。山門を入りしばらく行くと右手に本坊があり、ここに納経所がある。さらに奥に進み急な階段を上ると仁王門と雄大な本堂が姿を現す。単層入母屋《いりもや》作りの素朴で豪放な本堂は、鎌倉時代の特徴をよく表わしていて、国宝に指定されているという。本尊は十一面観音。

納経所から本堂に向かう時、遍路道沿いに四軒ほどの遍路宿が昔の面影のまま、軒を並べている。歩いてお遍路をすることが一般的であった頃には、多くのお遍路さんが利用し貴重な存在であったに違いない。しかし、戦後の食糧難で昭和二十年代前半にすべての遍路宿が廃業し、江戸時代から続いた伝統の灯は消えた。以後営業は再開されずに半世紀以上が過ぎた。最近は映画やドラマのロケに使われる記念碑的な存在になっている。時の流れによるとはいいつつも、一抹の淋しさが感じられた。遍路宿の庭には赤い可憐なボケの花が咲いていて、早春の雨あがりの風情とマッチしてとても印象的だった。

太山寺の本尊は十一面観音菩薩というように、札所には必ず「本尊」がある。本尊は仏教の教えを説くために造られたもので、大きく分けて「如来」「菩薩」「明王」「天」の四つに分けられる。この基準に従って札所の本尊を分類すると次頁の別表のように「如来」と「菩薩」、とりわけ「如来」が四十五ヶ寺で約半分を占めている。「如来」は釈迦をモデルとし、その姿と悟りを表現した仏像で、そのうち「薬師如来」を本尊とするものが二十三ヶ寺ともっとも多く、次いで、「阿弥陀如来」

札所の本尊

区分	本　　尊	数	該当の札所
如来	薬師如来	23	安楽寺、藤井寺、国分寺（15番）、井戸寺、恩山寺、平等寺、薬王寺、金剛頂寺、雪蹊寺、繁多寺、石手寺、国分寺（59番）、大興寺、甲山寺、善通寺、金倉寺、道隆寺、大窪寺
	阿弥陀如来	10	極楽寺、十楽寺、善楽寺、岩本寺、八坂寺、円明寺、栄福寺、前神寺、神恵院、郷照寺
	大日如来	6	大日寺（4番）、大日寺（28番）、仏木寺、横峰寺、香園寺、曼荼羅寺
	釈迦如来	6	霊山寺、金泉寺、法輪寺、浄土寺、出釈迦寺、南光坊
菩薩	千手観音	12	熊谷寺、切幡寺、観音寺（16番）、国分寺（29番）、金剛福寺、明石寺、仙遊寺、雲辺寺、弥谷寺、国分寺（80番）、白峰寺、根香寺、
	十一面観音	12	大日寺（13番）、神峯寺、禅師峰寺、龍光寺、大宝寺、西林寺、太山寺、宝寿寺、三角寺、天皇寺、屋島寺、志度寺
	地蔵菩薩	5	地蔵寺、立江寺、鶴林寺、津照寺、泰山寺
	聖観音	4	観音寺（69番）、一宮寺、八栗寺、長尾寺
	虚空蔵菩薩	3	焼山寺、太龍寺、最御崎寺
	その他	3	常楽寺（弥勒菩薩）、竹林寺（文殊菩薩）、本山寺（馬頭観音）
明王	不動明王	3	青龍寺、岩屋寺、延命寺
天	毘沙門天	1	吉祥寺

（注）便宜上、岩本寺は阿弥陀如来、南光坊は釈迦如来にそれぞれ分類した。

十ヶ寺、「大日如来及び釈迦如来」がそれぞれ六ヶ寺となっている。

一方、「菩薩」はその手にさまざまな持ち物を携えて、「病気治癒」や「商売繁盛」などの現世的な願いごとを叶えてくれる「慈悲の仏様」として人気があり、三十九ヶ寺の本尊が「菩薩」で、「千手観音」または「十一面観音」を本尊とするところがそれぞれ十二ヶ寺ともっとも多く、次いで「地蔵菩薩」五ヶ寺、「聖観音」四ヶ寺などとなっている。

「明王」は不動明王で、青龍寺、岩屋寺、延命寺の三ヶ寺である。そして最後の「天」は吉祥寺の「毘沙門天」だけである。

人間である限り、スランプに陥ったり、落ち込んだりすることがある。その時にどうすればよいか。一番確実に早く立ち直る方法は、そこから無理に脱出しようとしないで、「不幸」や「不運」だと思う事実をありのままに受け入れて「心の転換」を図ることである。そうすれば、自分の心の中から「不幸」とか「不運」との思いが遊離していき、とらわれていた心が解放されて自然に自由な心に転換し、未来に向かって積極的に生きる勇気が湧いてくる。「不幸」や「不運」に必ずしも客観的な基準があるわけではなく、自分の心がそのようにとらわれているにすぎない。だから、とにもかくにも、とらわれの心を解放してやることである。

「デービッド」「ピーター」のように人名を聖書から取っているケースが少なくないように、キリスト教は欧米人の生活の隅々まで沁みわたっており、ヨーロッパの思想、文化、歴史、芸術などはキリスト教を抜きにしては理解することはできないように思う。

人間の一生を三つの出来事、つまり「生まれること」「生きること」そして「死ぬこと」に区分した時、欧米諸国では子供は生まれて間もなく両親に連れられて教会で洗礼を受けて、これからの人生をキリストの教えに従って生きることを誓うことになる。そして実際の人生は数々の箴《しん》言《げん》や「生きる知恵」が網羅されている聖書を心の拠り所、人生の道しるべとして生きて、そしてやがて人生を終えていく。以前ドイツの小さな町の教会のミサに参加する機会があった。聖歌隊が入場して讃美歌を歌い、そのあと牧師による説教がつづく。おそらく聖書の言葉などを引き合いに出して「生きる知恵」を示しているのだと思う。讃美歌と説教が交互に行われ、二時間のミサが終了した時、参加者が心を満たされた表情をして教会をあとにしている姿が印象的であった。キリスト教が、現実に生きる人々にとって心の拠り所となっていることが実感された。

キリスト教の教えの特徴を自分なりに二点あげれば、まず第一に、「我々人間は思い悩んだからといって寿命をわずかでも伸ばすことさえできない無力な人間なのである」「弱さにおいてこそ神の恵みは注がれる」というように人間はその本質において弱い存在であるとみなし、そのことをありのままに認めることが強さに通じるという見方をしている。この見方は、ヨーロッパ思想の根底をなしているように思う。たとえば、「人間は悲惨な存在であるが、認識しているが故に偉大である」との箴言があるように。そして人間は弱いからこそ救いが必要なのである。あるいは弱いからこそ祈るのだともいえる。

次に、すべてのことを「喜びと悲しみ」、「生と死」、「男と女」などのように「対」としてとらえ、これらの「対」は二つ併せてワンセット、表裏一体のものとの見方をし、両者の相互性によってはじめてそれぞれの持ち味が生きるという考え方をしている。すべてのものを「対」でとらえ「ものを常に両面で見る」というキリスト教の考え方が欧米人の思考の基本になっているようだ。

聖書はそのほか「人間には自分でどうにかできるものと、自分ではどうにもならないことがある」「行動によって人は満たされる」などなど「生きる知恵」が一杯に詰まっている。二千年の時空を越えて民族、国籍そして老若男女の別なく、多くの人々の人生の光となってきたキリスト教は、これからも多くの人々の心を引き寄せその人生を支え、励ます光と力になっていくにちがいない。

太山寺から五十三番円明寺《えんみょうじ》へは三キロ。その円明寺は「和気の円明さん」と親しまれ、かつて多くの歩き遍路のために「遍路堂」と呼ばれる無料の宿泊所があった。畳を敷いたお堂のような小部屋で炊事場や井戸を併設、お遍路さんは檀家を回って米や野菜をもらい自炊した。民宿などがない昔の話で、一度に二、三人しか泊れなかったが、宿泊者は絶えず、夫婦や家族の姿もあった。戦後利用者は徐々に減り、平成四年（一九九二）に建物も取り壊されたという。

円明寺は「納め札」のある札所として知られている。アメリカシカゴ大学のスタール博士が大正十二年（一九二三）四国を巡拝の折に、円明寺の本堂に打ちつけられている銅版の納め札を発見、寄稿文で世界に紹介したからである。その納め札は慶安三年（一六五〇）の年号が記されており、江戸時代の初期に京都の住人が単身四国に渡り札所に巡拝した時のものである。現在でこそ、納め札は簡略化されて紙で作られているが、江戸時代には木版や銅版が一般的だったことが伺える。

『同行二人の遍路』は、ドイツ人による昭和初期の四国遍路の記録である。本書の著者であるアルフレート・ボーナーは一八九四年オーストリアで生まれ、大正十一年（一九二二）から昭和三年（一九二八）までの七年間、旧制松山高校にドイツ語教師として赴任していた。その期間は彼が二十八歳から三十四歳までの時期にあたる。アルフレートは日本文化に強い関心を持っていて、その一つが四国遍路であった。アルフレート夫妻は帰国する前年の昭和二年（一九二七）の夏に自ら「歩き遍路」として遍路に出かけた。

本書の特徴を三点あげると、まず第一に膨大な文献資料に基づいて記述され論理的で説得力があり、同時に自らの「歩き遍路」の体験によって観察した部分と実感が綴られていて、道中における苦労や自然景観のすばらしさなどをつぶさに捉えていることである。

次に、大正末期から昭和初期にかけての遍路の習俗が詳しく記述されていることである。それは装束からはじまり菅笠、金剛杖、手荷物、履物、納め札にまで及んでいる。また当時の納経料は五銭であった。アルフレートは宿坊や旅館のほか木賃宿にも泊ったが、木賃宿の食事は粗末そのものであった。さらに不評だったのが寝具。汗のにおいと垢がこびりついた、いわゆるせんべい布団で、ノミ、シラミなどが付着していて睡眠が妨げられた様子が述べられている。

第三に、お接待については六十六番雲辺寺《うんぺんじ》で一人の婦人が近づいてきて「どうぞ、お接待です」といって一銭硬貨を手渡したことを紹介し、与えられれば感謝して受け取り、お礼に自分の納め札を手渡すべきことが述べられている。そして「この美しい慣習はキリストの教える言葉と同じ精神に由来している」。それは「あなた方が私のもっとも貧しい者の一人になしたことは私にしたことである」との聖書の言葉を引き合いに出して、「お遍路に食事を与える者はまさしくお大師さんに食事を与えることなのである」とも書き綴っている。

昭和六年（一九三一）に出版された本書は、写真も数多く掲載されて、当時の遍路や札所の様子が写し出されており、大正から昭和初期のお遍路の状況を知る上でも貴重な資料である。そして何よりもお遍路に関する著者の博識ぶりに驚かされる。しかし、残念ながらドイツ語で書かれていることから、本書は我が国ではこれまでほとんど知られることがなかった。この度の翻訳によって多くの人々が読めるようになったことは、喜ばしいことである。

松山の円明寺から今治市の五十四番延命寺《えんめいじ》までは三十四・五キロと長く、途中で一泊を要する。左手に穏やかな瀬戸内海の美しい景色が展開する。北条市《ほうじょう》は「花へんろ」の舞台になったところで、菊間町《きくま》は「瓦の町」として知られる。かつては北条市、菊間町、大西町があり今治市《いまばり》へと通じていたが、「平成の市町村合併」により北条市は松山に、菊間町及び大西町は今治市にそれぞれ合併されたことから、松山市の隣が今治市になったのは驚きであった。松山に八ヶ寺があるように、今治にも五十四番延命寺から五十九番国分寺までの六ヶ寺が存在している。

この延命寺は明治以前には「円明寺」と呼ばれていたが、松山の五十三番札所も円明寺であることから二ヶ所も続けて同じ名前では紛らわしいということで、その後延命寺に改称されたという。

延命寺のある「阿方《あかた》」には「庄屋孫兵衛さん」の言い伝えが残されている。その昔、延命寺のある「阿方」に孫兵衛という庄屋がいた。彼は大変思いやりがあり、いつも農民のことを考えていた。「七公三民」といわれた年貢を何とかして軽くし、農民たちの生活が楽になる方法はないものかと考えていた。ちょうどその頃、代官所から農民に用水池の夫役に出るようにお触れがあり、孫兵衛はその前日に阿方の人々を集めて昼の弁当にはおかゆを竹の筒に入れて持って行くようにといった。翌日昼の弁当の時間になった時、他の村の人々は握り飯をおいしそうに食べはじめたが、阿方の人々は体裁が悪いのでおかゆをこそこそと飲んでいた。

これを見た代官は阿方の者が隠れて酒を飲んでいると思い込み、早速孫兵衛を呼んで「阿方の者は昼から酒を飲んでけしからん」と叱りつけた。孫兵衛は「これは酒ではなくてお粥です。阿方の者は握り飯を持ってきたくても土質が悪いために米の出来具合が悪く、年貢を納めると米が残らないので仕方なくお粥を食べているのです」と農民の生活の苦しさを説明した。同情した代官はこのことを殿様に伝え、年貢が特別に一割下げられることになった。農民は喜び「享保《きょうほ》の大飢饉」(一七一五〜一七三五)の時も阿方には一人も餓死する者がいなかったという。慈悲深く、知恵にも優れていた孫兵衛は亡くなると、延命寺境内に葬られ、現在でも境内の横に大きな墓が残されている。村民はその恩を忘れずに七月七日の命日には現在でも供養しているという。

「苦《く》」といわれるものは、多くの場合「比較する」「分別する」ことから起こっている場合が少なくない。今日は雨で人間には不都合かもしれないが、植物は喜んでいるに違いないと淡々とその現実を受け入れればよいのに、雨の日を晴れの日と比べるので雨が恨めしくなったりする。晴れの日が良くて雨の日が悪いのではない。晴れの日が良いように雨の日もそれぞれに良いのである。また赤ちゃんも生まれるまでは「男の子がほしい」とか「女の子がかわいい」とかいいつつも、実際に生まれてくれれば、生まれた子供を性別に関係なく無条件にかわいい、かわいいと率直に現実を受け入れている。お大師さんの教えは、すべてのものに価値を見出して差別なく見ていくことといわれる。雨の日も晴れの日もそれぞれにすばらしいように、男の赤ちゃんも女の赤ちゃんも同様にそれぞれにすばらしい。問題は我々の心が「比較する」「分別する」ところにある。

我々は二つ以上のものが存在すればあらゆる事物を比較、分別し「良い」「悪い」「大きい」「小さい」「きれい」「きたない」「広い」「狭い」などのレッテルを貼っている。無意識のうちに自分に都合のよいものと不都合なものとを分けて不都合なものを排除している。自分の心に排除の論理が働いている。しかし、前述のように存在しているものはすべて「空」であって、それ自体に「レッテル」などはなく、人間が自分の考えや判断基準に基づいて自分勝手に「レッテル」を貼っているにすぎない。「花か雑草かの違いは判断にすぎない」のである。

このように「比較すること」「分別すること」は、ある意味において「こだわっていること」、「とらわれていること」である。そういう意味において我々が貼ったレッテルをはがして物事をあるがままにみることは大事なことである。大切なことは存在するものにはすべて価値があり、「分別するな」「レッテルを貼るな」ということである。般若心経は、ある意味において我々が張ったレッテルをはがして「物事をあるがままに見よ」と教えているのかもしれない。

五十五番南光坊《なんこうぼう》へは三・六キロ。唯一「坊」がつく札所である。南光坊のある今治市《いまばりし》はタオルの町で国内生産量の六十五パーセントを生産しているといわれるが、最近は円高に伴う輸入タオルの急増で苦境にあるようだ。南光坊は昭和二十年（一九四五）八月には太平洋戦争の戦禍に遭い本堂、薬師堂、鐘楼などが灰塵《かいじん》に帰した。その後昭和五十六年（一九八一）に本堂、昭和六十一年（一九八六）に薬師堂が再建されているが、太平洋戦争で大きな被害を受けたことが伺える。

南光坊の縁起によると、今治市から船で一時間ほどの大三島《おおみしま》にある大山祇《おおやまづみ》神社は、風雨が強く祭祀ができなくなることを懸念してこの神社の別宮を越智《おち》郡内に移した。その後、お大師さんがこの地を訪れた折に別宮に参拝し、五十五番札所と定めたと伝えられる。

今治沖の瀬戸内海に浮かぶ大島（吉海町、宮窪町）にある「島四国《しましこく》」の歴史は、約二百年前まで遡り、文化四年（一八〇七）、大島の人々の尽力で開かれた。大島全体を四国に見たてて工夫を凝らし、岸、山、丘などに八十八ヶ所の札所を作り、それぞれに四国霊場と同じ寺名をつけた。歩いて二泊三日の行程である。当時四国遍路へ行くことは並大抵のことではなかったし、庶民には夢のようなことであった。島の人々が身近に手軽に霊場巡りができるようにという思いを込めて「島四国」が作られた。このお遍路さんのために「お接待」「善根宿」という美風が自然発生的に生まれたといわれる。

しかし、ミニ四国八十八ヶ所はこの「島四国」に限らず、全国的に存在している。四国遍路が庶民の間で盛んになったのは、江戸時代中期の享保年間頃からといわれている。しかし、いまから三百年ほども昔のことで、その当時全国各地から遠い四国まで行くのには交通も不便であったばかりではなく、経済的にも大きな負担となった。そこで身近に四国遍路ができるように四国霊場の砂などを持ち帰って全国各地にミニ四国八十八ヶ所が設けられた。京都仁和寺の裏山には「御室《おむろ》八十八ヶ所」が設けられているほか、知多《ちた》四国八十八ヶ所、篠栗《ささぐり》八十八ヶ所などのように、北は北海道から南は九州に至るまで全国各地に設けられている。

しかし、東京にもミニ四国八十八ヶ所があることを知ったのは、ごく最近になってからである。一般庶民による四国遍路が盛んになった江戸時代に、江戸から遠い四国に向かうことが大変であったことはいうまでもない。そこでお大師さんを慕う江戸の人々が宝暦五年（一七五五）に「御府内《ごふない》」つまり江戸城（現在の皇居）を中心とした江戸の町に設置し、巡拝したのが「御府内八十八ヶ所」である。

秋も深まったある日、訪ねた上野の「谷中《やなか》」には七つの札所があった。いずれも愛媛県内の札所の写しであった。四十二番観音寺の境内にはいると正面に本堂、右手に大師堂があり、大師堂には「御府内第四十二番観音寺、伊予国仏木寺移し」と刻まれていた。たまたま真言宗豊山派の札所の多さが目についた。東京のミニ四国八十八ヶ所は、一番高野山東京別院（港区）からはじまり新宿区、文京区などを巡り最後は八十八番文殊院（杉並区）で終わり、歩けば約一週間かかるといわれる。

いずれにしても、その昔、本場の四国八十八ヶ所を模して全国各地に大小さまざまなミニ四国八十八ヶ所が設けられたことは、四国遍路の人気がいかに高く、お大師さんを慕う人々がいかに多かったかを物語るものである。

五十六番泰山寺《たいざんじ》への距離は三キロ。泰山寺の本尊は地蔵菩薩。もともと「太山寺」と呼ばれていたが、松山の五十二番太山寺と混同されるために泰山寺と改められた。

論語によると「過《あやま》ちてすなわち改むるに憚《はばか》るなかれ」という。過ちに気づいたらその時点でためらうことなく改めることを忠告した言葉である。個人でも組織でも人間の行うことだからミスを犯さないとは限らない。人間である限り間違いは避けられない。重要なことはミスを犯した時の対応である。自尊心のためか組織防衛のためかさまざまな要因から誰でもミスは認めたくないという心理が働く。しかし、それでは信頼を失うばかりではなく、ミスはますます拡大されてしまう。従って過ちは早く認めて是正した方がマイナス面は少ない。そして「人間は過ちを犯す者である。しかし同じ過ちを二度と繰り返さない」との格言があるように、大切なことは同じ過ちを二度と繰り返さないこと。そうすれば過ちから教訓を得たことになり、失敗の経験が生かされることになる。

　このことに関連して思い起こすのが水俣病である。昭和の高度経済成長の時代に、熊本県の不知火海《しらぬいかい》のあちこちで魚が浮き、手で捕まえられる異変が起こった。その時、問題企業の工場排水は黙認され問題の魚を食べることも規制されなかった。貴重なデーターは死蔵され何人もの科学者が原因を曖昧《あいまい》にした。その結果どれだけの水俣住民が尊い命を落とし、健康を損なったかは計りしれない。水俣病を追及した宇井純氏は、「公害の起承転結」という命題を立てている。それによると①起＝公害が発生し、②承＝原因が特定されそうになると、③転＝利害関係者やその意を体した人々から反論が出され、④結＝結局うやむやにされる、という構図である。しかし、事実は一つである。結局のところ裁判の結果、加害企業は莫大な損害賠償責任を負わされたが、失われた人間の命や健康は回復しない。

しまなみ海道（今治市）

論語はまた「過ちて改めざる、これを過ち」という。人間誰でも過ちを犯すことがある。だから過ちをしたからといって必ずしも責められない。問題はその後の処理である。過ちだと知りながら往々にしてそれを認めたがらない。個人でも組織でも体面を失うことへのおそれがある。しかし、改めないことがより大きく体面を失う結果をもたらすということに気づいていない。過ちを過ちとして認めることから人間の進歩がはじまる。この論語の箴言がもう少し早くに活かされていたならば、水俣病の被害はもっと最小限に食い止められたにちがいない。

泰山寺から五十七番栄福寺《えいふくじ》へは三キロ。泰山寺でのお参りを終えて右手に行くと、「栄福寺の道標」が目にとまる。ここを左折して蒼社川《そうじゃがわ》にかかる山手橋を渡ったところで右折すると、やがて小高い丘に栄福寺の姿が現れる。境内に入ると左手の一段高いところに本堂、本堂に向かって右手に大師堂があり、本堂の回廊の左手に箱車が奉納されている。奉納者は当時十五歳のM少年で、ここまで来て自分の足で歩けるようになり、そのありがたさのあまりに箱車を奉納した。大正時代の末頃、足の悪いM少年はこの箱車に乗って犬に引かせて四国参りをし、箱車の前には「引いて下さい」、後ろには「押して下さい」と書かれていたという。平坦部は犬だけで行くことができたが、山道の坂を上る時には人に助けてもらいながらお参りを続けていた。

栄福寺に来るとちょうど境内のまん中に小さな小川が流れていたので、喉が渇いていた犬が急に水を飲みに走った。その勢いで箱車が転倒し、いやというほど足を打ったM少年は、気がついたら足の悪いのが治って歩けるようになっていた。そこで不要になった箱車を奉納してお遍路を続けたという。それ以来「足にご利益がある」との信仰を集めるようになった。この箱車にはお遍路さんのお大師さんに「南無大師遍照金剛」とすがる気持ちが込められているように思われる。

しかし、多くのお遍路さんは専ら本堂と大師堂にお参りするばかりで、この奉納されている箱車に気づいていないにちがいない。実際のところ、どこの札所には見所が一杯あるが、多くの場合、見過ごされていることは残念なことである。札所としての見どころを案内板に書いて案内するなり、紹介したパンフレットを納経所に置くなどのユニークな取り組みが期待されるところである。

その昔、栄福寺と五十八番仙遊寺《せんゆうじ》を兼務している住職さんがいた頃、愛犬に二つの寺の使いをさせた。栄福寺に用事があるときには釣鐘をならす。犬は飛んで行って首に手紙をつけてもらうと仙遊寺へ走る。仙遊寺の釣鐘がなると、仙遊寺へ行って首に手紙をつけてもらって栄福寺に届ける。いわば電話の役目を果たしていた。

ところがある日、二つの寺の釣鐘が同時に鳴ったことがあった。犬は仙遊寺へ走り出すと栄福寺の鐘が聞こえる。栄福寺に走り出すと仙遊寺の鐘が激しく鳴った。犬は迷いに迷い、進退きわまり責任を果たし得ない悲しさについに狂気して途中の池に入水《じゅすい》自殺した。人々はその死を憐れんで池の畔に犬塚を立てて供養した。それ以来、この池を犬塚池と呼ぶようになったという言い伝えである。その犬塚池は栄福寺から仙遊寺に向かう遍路道の左手にある。犬に限らず人間でも別々の場所から同時に二つのことをいわれたらどう対処していいか、戸惑うことは避けられない。

マザーテレサ（一九一〇〜九七）は、インドのカルカッタで貧しい人々の救済に生涯をささげたカトリック教会の修道女で、一九七九年（昭和五十四）にノーベル平和賞を受賞し、一九八二年（昭和五十七）に来日した。当時の日本は自動車の生産台数が世界一となった経済大国であった。しかし、その一方で一人暮らしのお年寄りがはじめて百万人を突破する。「人間にとってもっとも悲しむべきことは病気でも貧乏でもない。誰からも必要とされず、愛されていないという心の貧しさだ」という。「豊かな日本の中に潜む心の貧しさを鋭く見抜き、手を差し伸べるようにと」語った（徳島新聞「日曜コラム」）。

来日から三十年近くが経過した現在の日本社会では、百歳以上の高齢者の所在が分からないという異変が全国各地で明るみに出ている。「ずっと連絡を取っていない」などと話す家族もいるそうで、所在不明の百歳以上の高齢者は三百人近くに達するという。

戸籍上「生存」している高齢者が相次いで確認されている問題で、山口県防府市では百八十六歳、滋賀県甲賀市では百八十二歳、山形県酒田市では百七十三歳の人が生存扱いになっていた。このような問題は役所に何らかの理由で「死亡届」が提出されない限り、戸籍上ではいつまでも「生存」することになる。しかし、役所は「老人の日」のお祝いなどで高齢者をリストアップする際に、戸籍ではなく住民基本台帳に基づいて行い、現地調査などを行って生存していることを確認しているそうだ。それにしても現在の我が国では、家族のきずなや地域社会のつながりが希薄になり寒々とした「無縁社会」が顔をのぞかせている。たとえ長寿大国であるとしても、とても手放しでは喜べない。マザーテレサは「そんな痛みを伴う分かち合う愛の大切さを説き、無関心でいることを戒めた」のだと思う。

（3）一日一生

五十八番仙遊寺《せんゆうじ》は「お作礼《されい》さん」の名前で知られる海抜三百メートルの作礼山の山頂にある。栄福寺からの距離は二・五キロと短いものの、急な上り坂が続く。仁王門から上りの急な参道を上ると、お大師さんが錫杖《しゃくじょう》で掘った御加持水といわれる「お加持の井戸」がある。この井戸か

ら湧き出た霊水は、多くの村人を諸病から救ったと伝えられる。温泉付きの立派な宿坊は、歩き遍路には人気がある。

住職さんは何事も実践を重んじる人で、名刺と時計を捨てることを提唱している。名刺を持つということは肩書がくっついていることで、日常の暮らしから解放されていない自分がいることになる。またある識者は「時計をはずして歩くとすごい開放感がある。なんでこの腕時計に縛られないといけないのかという思いがあった」と語っている。

千日回峰を二回も実践した酒井雄哉《さかいゆうさい》師が平成二十五年(二〇一三)秋に亡くなった。千日回峰は天台宗の修行法の一つで、約七年かけて比叡山中を千日間回峰・巡拝するもので、その歩く距離は約四万キロ近くに達し、地球一周分に相当するという。その千日回峰を酒井師は一九八〇年と八七年の二回にわたって達成した。たとえ四国遍路がきついといってもその距離千二百キロは、一回の千日回峰の四パーセントにも満たない。如何に千日回峰が厳しい修行であるかが伺える。

先般、著書の『一日一生』を読んだ。分かりやすい言葉でたくさんの「生きる知恵」がちりばめられていて実に説得力があった。多くのことを学んだが、さしあたり二点をあげると、次のとおりである。

まず第一に、「一日一生」として「現在」を重視する生き方を学んだ。「今日の自分は今日でおしまい。明日はまた再生される。だから『一日一生』と考える。「一日」を中心にやっていくということ。今日一日を全力で尽くして明日を迎えようとする。一日、一日と思って生きることが大事である」という。たしかに人生とは日々の積み重ねで、一日、一年の積み重ねが一生に通じる。人生が足早にあっという間に過ぎ去ってしまうことを考えると「現在」を大切にして「いま」を精一杯に生きることが大事であることを改めて心に刻んだ。

次に、歩くこと、実践することの大切さを学んだ。毎日山中四十キロの道のりを歩く千日回峰では、「人間の自然な姿は歩くことだから、歩くことは人間を振り出しに戻してくれるような気がする。地べたに自分の足がつくことで土地とのふれあい、大地の力をいただくことができる。歩くことがきっと何かを教えてくれる。歩くなかで何かを思いついたり知恵が生まれたりする。知識を学ぶことも大事であるが、実際に働くことで知恵が生まれてくる。実践の中でヒントを受けたり、アイデアが浮かんだりする。やっぱり歩くことで教えてもらうことが多いから歩き続けるのだ」という。

自然の中を歩くことは自己と向き合うことであり、その結果として多くのことに気づかされる。実践してはじめていろいろなことが分かるのだから、人生とはとにかく動き出すこと、実践することであることを改めて学んだ。「昔のお坊さんはエネルギッシュで行動的だった」といわれるが、その典型をみた思いがする。

仙遊寺から五十九番国分寺《こくぶんじ》へは六・二キロ。五郎兵坂を下って行く。境内に入ると正面に本堂、右に大師堂がある。境内には珍しい樹木である「唐椿《とうつばき》」があることでも知られている。

天平十三年（七四一）聖武天皇は諸国に国分寺と国分尼《に》寺を建立《こんりゅう》することにし、奈良には東大寺と法華寺がそれぞれ建立され、全国にも順次国分寺と国分尼寺が創建された。しかし、平安時代末期以降、その多くは衰微し、特に国分尼寺の多くが廃絶の憂き目にあった。現在国分尼寺の後身という寺は、全国に十余りしかないとされる。しかし、伊予国分尼寺の後身である法華寺は、国分寺の近くにあり、現在もなお奈良の法華寺との交流がある唯一の寺であるという。たしかに四国の各県に国分寺が設けられているが、国分尼寺はほとんどみかけない。

大阪のメインストリートである御堂筋《みどうすじ》は梅田《うめだ》から難波《なんば》に至る約四キロの幹線道路で、両側は銀行や大企業のビルが立ち並ぶ有数のビジネス街である。しかし、その名前の由来はあまり知られていない。その昔、梅田にあった北御堂《きたみどう》（西本願寺の津村別院）と難波にあった南御堂《みなみみどう》（東本願寺の難波別院）という二つの御堂《みどう》が沿道にあったことから名づけられた。いってみれば、宗教的な息づかいが感じられる名前の由来である。

たしかに最近の科学技術の進歩は目覚ましく、そのおかげで便利な社会になり物質的な豊かさは格段に高まった。しかし、この世は前述のように「目に見えるものと見えないもの」「説明できるものとできないもの」「物質的なものと精神的なもの」というように、相反する二つのものから成っており、両者は相互補完的、表裏一体の関係にある。そして物質世界に関するものが科学であり、精神世界に関するものが宗教の世界である。もし、人間が物質的なものと精神的なものとの二つから成り立っているとすれば、科学が必要であるように宗教も必要である。人間は物質的なものばかりでは生きていけない。一方だけが大事なのではなく、いずれもが大事な世界である。

しかし、日本のいわゆるインテリ層が宗教を持たないことをあたかも立派なことであるかのように語りだしたのは明治以降とされる。明治以降我が国が急速に西欧文明を取り入れた際、科学的な合理性、論理性が大事だとして明治政府は迷信や言い伝えの類を強く否定した。従って明治以降の学校教育では非科学的なものはすべて強く否定されるようになった。目に見えなく、科学的な説明ができない宗教も迷信と同じものとみなされ、その結果、科学技術に精通した、いわゆる知識人ほど宗教とのかかわりが少ないことを誇らしげに思いはじめた。しかし、欧米では科学者だからといってキリスト教徒ではないということはない。それでもなお、宗教や信仰そのものが社会の進歩に抗し、非科学的な態度だと思っている日本人は多い。しかし人間は物質ばかりではなくて精神性を有しているので、すべて科学で割り切れるような存在でないことはあきらかである。

現在の日本の状況は、「目に見えるもの」としての科学技術や物質的な面が優先され、「目に見えないもの」としての精神的な世界が軽視されてきた風潮が強く、「現代社会で心棒という芯がなくなって老いも若きも漂流状態にある」とされる。人間と動物とを区別する相違点は、精神性を有しているか否かである。宗教や哲学は人生をよりよく生きていくためにどうしても欠かせないものである。たとえ科学文明の発達などにより神仏の重みが相対的に低下していることは事実だとしても。「二十一世紀は科学と宗教とが手を取り合っていく時代である。いまや一番科学的である姿勢とは科学で分析できないことが世の中にはたくさんあることを認める姿勢であり、もっとも宗教的な姿勢とは物質の働きというものが人間の中をさまざまに支配していることを認める姿勢」であるとの指摘に同感である。

ある住職さんは「この世には目に見えないものがたくさんある。人と人との絆や愛情や希望も形があるわけではないので誰の目にも見えません。目に見えなくても大切にしなければならないことが一杯あることを忘れてはいけません」と語っているが、「目に見えるもの」よりも目に見えない「心」を大切にするように諭《さと》しているように思われる。

国分寺から六十番横峰寺《よこみねじ》へは世田薬師を経由し、距離は三十三キロもあり、途中で一泊して翌朝に上ることになる。横峰寺は用明天皇の病気平癒を祈って役行者小角《えんのぎょうじゃおづぬ》が開基し、本尊の大日如来はお大師さんが石楠花《しゃくなげ》の木に刻んで安置したと伝えられる。その名物の石楠花の見ごろは、例年大型連休明けの五月十日前後。横峰寺は海抜七百五十メートルの山中にあり、十二番焼山寺に匹敵する難所である。お大師さんは楽ばかりさせてくれない。「苦あれば楽あり、楽あれば苦あり」の人生そのもののようである。

国分寺を打ち終えて丹原町《たんばらちょう》の栄《さかえ》旅館に宿泊。ここは立地条件上、横峰寺に上るための、いわばベースキャンプのような性格を持ち、昔ながらの心温まる遍路宿であった。またご主人にリュックを次の宿泊予定の遍路宿に車で運んでいただくというお接待を受けた。そのおかげで背中に重いリュックなしに難所を上ることができた。横峰寺への標高差七百メートルは焼山寺に次ぐ規模で、湯浪《ゆなみ》から昔ながらの遍路道に入った。距離は約三キロと比較的短いものの、遍路道は右にそれ、左に折れ、時には谷川を横切りながら上れば上るほど傾斜がきつくなり、最後は階段状になっている。二時間かけてやっと山門に到着。境内の斜面一面のシャクナゲがいまが盛りにとばかりに咲いていた。春のお遍路は例年なら桜の咲く四月に出かけるが、今回は所用のために一カ月遅れとなった。しかし、四月のお遍路には四月の良さがあるように、五月にも五月の良さがあることを実感した。

はじめての「歩き遍路」の折は、六十一番香園寺《こうおんじ》の宿坊に泊まり、「奥の院」を経由して横峰寺を目指した。標高が五百メートルを越え、横峰寺へあと三・六キロの地点に達した時、狭い上りの遍路道をふさぐように杉の大木が目の高さのところで倒れており、額をぶっつけてしまった。額からは出血し、眼鏡は地に落ちて一時は何が起こったのか、頭が真っ白になった。お遍路は特に上りの遍路道では足元を見つめながら上っているので目の前の倒木に気づかなかったのである。奥深い山中で鼻骨骨折などあわや大惨事が起こっていたかもしれなかったが、お大師さんのおかげでことなきを得た。次回に上った折には、遍路道をふさぐ倒木は、次頁の写真のように、途中で切断されて通行の邪魔にならないようにされていた。

般若心経は仏の教えを二百六十二文字にまとめたもので、唱えたり写経すると功徳があるとされており、すべての災厄が取り除かれるという。その名のとおり「心経」であって心のあり方や心の持ち方が示されている。前述のように、この世に存在するすべてのものは「空」であって、「実体がなく移ろいやすいもの」。だから「こだわるな」と繰り返し強調されている。その一節に「是諸法空相《ぜしょほうくうそう》　不生不滅《ふしょうふめつ》　不垢不浄《ふくふじょう》　不増不減《ふぞうふげん》」とある。現代語風に訳せば、「この世においてすべての存在するものには実体がない。だから生じたり、滅したりもしないし、汚れたりきれいになったりもしない。また増えることも減ることもない」となる。

このようにすべてに「不」がついているので「六不の教え」ともいわれている。病気になったらどうしよう、などと将来のことを考えたら誰でも不安がいっぱい。将来は不確実なのだから不安は誰にでもある。そして人々の不安や心配は「生滅垢浄増減」の六つにあり、これらの六つの思いを「空じる」ためにおのおのに「不」がつけられている。その不安にとらわれるかどうかによって不安となったり、不安にならなかったりする。「六不の教え」は「不安」にはその実体がなく、自分の心がとらわれているにすぎないのだから、そんなものに余りとらわれないでもっと気楽に生きなさいと教えているかのようだ。

横峰への遍路道をふさぐ倒木

しかし、このようにすべて否定されてしまうと実際には必ずしもそうではないのではないかという疑問が起こってくる。

玄侑宗久《げんゆうそうきゅう》氏の『般若心経』を読んでそうした疑問がある程度解決したように思う。「不増不減」については次のように説明されている。

「たとえばコップの水が減ったとする。それはコップに関しては減っていることは事実であるが、それは誰かが飲んだのであればその人の胃の中にあり、また蒸発して減ったのであれば水蒸気に形を変えたにすぎない。つまり、一方で減っているとしても他方では増えており、全体としては増えてもいないし減ってもいない」ということになる。

個別に着目するというよりは全体として見れば大きな変わりはないと受け止めれば理解しやすいように思われる。このように見てくると、結局「六不の教え」は、一切は「空」だからこだわるなということを改めて教えてくれているように思う。

（4）自分をほめる

六十一番香園寺《こうおんじ》は、難所の横峰寺から九・三キロ下った所にある。昭和五十一年（一九七六）に建設されたモダンな大聖堂は鉄筋三階建てで、あたかも博物館のような印象を受ける。この二階に本堂があり、本尊の大きな大日如来像を目の前で拝観することができ、八百席の椅子も用意されている。大師堂はその一階にある。

お大師さんがこの地を訪れた時、一人旅の身重の女性が苦しんでいた。お大師さんが祈祷すると男児を無事に出産した。そこでお大師さんは安産、身代わり、子育て、女人成仏の四誓願をこの寺に伝えるために六十一番札所と定めたと伝えられる。こうしたことからお大師さんを「子安大師」、香園寺を「子安のお大師さん」と呼ぶようになった。三百五十名の宿泊が可能な「遍照会館」にはおかげを受けて生まれてきた赤ちゃんの微笑ましい写真が年度別にずらりと掲げてあり、その数は年間数千枚に及ぶという見事さであった。しかし、お遍路の減少に伴いその宿坊も残念なことに数年前に閉鎖されてしまった。

平成十四年（二〇〇二）東京都写真美術館で開催された「空海と遍路文化展」を見に行った時、香園寺の「妖怪の面」（江戸時代）にお目にかかった。大きさは縦二十五センチ。ぼさぼさのみだれ髪、額には縫い合わされた傷口、一方の目は閉じて片方の大きな目は飛び出さんばかり。歯は抜けてなんとも不気味な口元。見るだけでも恐ろしくぞっとするような仮面であった。「この面をかぶって継子《ままこ》いじめをしているうちに仮面がとれなくなった。無理に取ったら顔の肉もくっついてとれた。ある女性遍路が自分の罪を悔いて寺に奉納したもの」との説明が書かれていた。この恐ろしい仮面をかぶった継母にいじめられた子供は、おそらく生きた心地がしなかったであろうし、心に一生忘れられない大きな傷跡を負ったにちがいない。この仮面は人に悪事を働くとその非は回りまわって自分に降りかかってくる。いい換えれば、人に悪いことをするのではなく、喜ばれることをしなさいと諭しているかのようだ。

司馬遼太郎の「モンゴル紀行」によれば、「所有する」ということに関して遊牧民族と農耕民族の違いがよく分かる。遊牧と農耕とは同じく大地に依存しつつも、遊牧民族は草の生えている大地を生存の絶対条件とし、他方農耕民族は草を嫌いその草地を鍬でひっくり返して田畑にすることを絶対条件としている。遊牧民は草を求めて移動するために草の生えている土地を利用出来さえすればよいので土地への執着はない。なぜ農耕民族は土地に執着するのかと不思議に思うほどである。一方、農耕民族はその土地に定着して耕作するのでその土地に対する執着が強いことが分かり、なるほどと思った。このように見てくると、土地の「利用」だけではそれほど執着しないのにもかかわらず「所有」すると執着が生まれることが伺える。執着やこだわりは、もしかすると「持つこと」「所有すること」と少なからず関連しているのかもしれない。

小松町の国道十一号線（松山市から高松市を経由して徳島市に至る国道）沿いには六十一番香《こう》園《おんじ》寺、六十二番宝寿寺《ほうじゅじ》、六十三番吉祥寺《きちじょうじ》、そして六十四番前神寺《まえがみじ》の四つの札所がかたまって存在している。

香園寺から宝寿寺まではわずか一・五キロ。ＪＲ伊予小松駅のすぐ近くにある。この寺は聖武天皇の勅願により建立されたものの、その後お大師さんが長く滞在して寺号を宝寿寺とし、六十二番札所と定めたと伝えられる。お大師さんが刻んだといわれる本尊の十一面観音菩薩は、秘仏のために拝観できないものの、光明皇后の姿を模したといわれ女性的な魅力を備え、美しく豊かな姿をしているという。

繰り返しになるが、歩き遍路では毎日二十五キロから三十キロを歩くことになる。しかし、三十キロといわれてもなかなかその感じがつかめないのでJR中央線を例に時刻表で調べてみると、東京駅から新宿（十キロ）、荻窪（十九キロ）、三鷹（二十四キロ）を過ぎて武蔵小金井駅（二十九キロ）までの距離に相当する長丁場である。身体的疲労は極限に達し、遍路宿にヘトヘトになって到着する。早速入浴して汗と疲れをとってリフレッシュ、六時から夕食を済ませ、九時過ぎに床に入る時「今日も長い道のりをよく頑張ったね」と自分で自分をほめることにしている。

松下幸之助は次のようにいう。「自分ながら良くやったといって自分をほめてあげる、自分をいたわるという心境、そういうところに私はなんだか生きがいというものを感じていたように思う。自分で自分をほめてやりたいという心境になる日を一日でも多く持ちたい、そういう日を積み重ねたいものである」と。

たしかに、自分をほめると、「心が若々しく柔軟になる」「やる気が出てくる」「マイナス言葉（グチや不満）が出てこなくなる」というようにプラスの効用があることはまちがいない。自分に肯定的に生きることによって明日が明るくなることを知ることはとても大切なことだと思う。

「セルフ・エスティーム」という言葉がある。「自己肯定感、自分を尊重する気持ち」のことをいう。日本の特徴はこの「セルフ・エスティーム」が世界でもずば抜けて低く、特に子供達の状況は深刻だという。高校生へのある調査結果によれば、「自分は価値のある人間だと思う」と回答した者はアメリカ八十九・一パーセント、中国八十七・七パーセント、韓国七十五・一パーセントに対し日本はわずか三十六・一パーセント。「自分で自分が認められない」という「セルフ・エスティーム」の欠落は、引きこもり、登校拒否などの問題行動の原因ともなりうる。自信喪失に陥っている状態は気分的にも、精神的にも決して健全な状態ではないばかりか、よい考えや発想、自発的なヤル気が生まれることを期待できない。

お遍路に行くと「蘇る力を得る」、「人が変わる」といわれる。その原因の一つは自己肯定の世界を体験できるからである。お遍路は自分を認め、自分をほめることによって大きなパワーや元気、そして自信を得ることができるように思う。そのためには「歩く」ということが不可欠である。

六十三番吉祥寺《きちじょうじ》へは一・五キロ。山門を入ると左手に本堂、その本堂の前に「成就石《じょうじゅいし》」がある。直径四十センチほどの大きな穴があいており、目隠しをしたまま数メートルの距離を歩いてこの穴に金剛杖を通すことができれば願いがかなうと伝えられている。でも実際に試してみたらなかなか思うようにはならない。本堂には四国霊場でただ一つの「毘沙門天」が本尊として祀られており、大師堂の前には「念ずれば花開く」という句碑もたっていた。

「諸行無常」と呼ばれるように、人間の命が永遠に続くものではないことを胸に秘めて毎日毎日を精一杯に生き切ることが大事であると思う。良く考えてみると、この世で我がものというものは何一つない。財産も自分の命も自分のものではない。少なくとも自分の身体は自分のものと思いこんでいるが、いつまでも自分の思うままに使えるというものでもない。生きとし生けるものすべてはこの世に生まれてきた以上、いつかは必ず死ぬ。そういう意味において人間の死亡率は「百パーセント」である。世の中には分かっていても納得できないものもあれば、分からなくても納得しなければならないこともある。なかでも死は分からなくても納得しなければならないことの代表格であろう。だからいつか「お迎え」がきたら、たとえ自分の意思に反したことであったとしても従容《しょうよう》として従うより仕方ない。このように考えると自分の身体さえも自分のものではなく「預かりもの」に過ぎない。仏教では自分も財産もすべて「預かりもの」という見方をする。だから生きている間は物事に執着することなく、無心にその時その時を大切に生きて行くことこそが大事である。

仮に人生を八十年とすると、日数にすれば概《おおむ》ね三万日。二十七歳が一万日、五十四歳が二万日、八十歳で三万日になる。仮に八十歳まで生きるとしても、残された日数は四千日弱。気がついてみるとすでに人生の八十七パーセントが過ぎ去っている。うかうか迷ったりしているうちに足早に人生は過ぎ去ってしまいそうだ。

また人間の平均余命を求める計算式「$(110-\text{年齢})^2 \div 100 \times 0.8$」に自分の年齢を入れて計算したら、十二年という答えが出た。

人間である限り寿命があることは誰でも知っているが、それがいつやってくるかは誰も知らない。しかし、このように「あと十二年」と数字で示されると残された時間が砂時計のようにどんどん過ぎ去っていくような感じを受ける。時計を止めることができず、あわてても仕方ないとすれば、一日一日を充実して過ごすことが大事になってくる。

六十四番前神寺《まえがみじ》へは三・三キロ。前神寺は石鎚山《いしづちさん》（一九八二メートル）のふもとにあり、昔から山岳信仰の道場として知られている。この前神寺は明治時代の神仏分離のために大きな犠牲を払い、「前に神、後ろに仏」ということで前神寺と呼ばれている。寺はもともと別当寺で明治はじめの神仏分離で廃寺となった。明治十一年（一八七八）に現在地に移って再興されたが、「神」の名前を使用することは許されずに「前上寺」だったといわれ、もとの名前の「前神寺」に変更が許されたのは明治二十二年（一八八九）になってからとされる。

人間は「頭で考える世界」と「心で感じる世界」との二つを持ち合わせているように思う。前者は客観的で、論理的に説明ができる世界である。一方、後者は主観的で「心で感じる世界」なので論理的な説明はできない。

前述のように古代ギリシャ・ローマ時代からどのように生きるかは人間にとって最大の関心事であった。しかし、いまだ明解な答えは出されていない。

ある精神科医はその著書で「行《ぎょう》」つまり実践の重要性について大要次のように説明する。現代を支配している科学的思考は、基本的に「世界はこんなふうにできている」という説明をしてくれるものであるが、「こう生きるといい」という指針を示してくれるものではない。しかし、仏教は自分の心との付き合い方や生き方について「こうすればいい」という具体的な実践の指針を打ち出しており、世界の真実の姿を言葉で伝えるのではなく、一人ひとりが「行」をやる、つまり実践することによって自分の手でつかみ取る、その道を説いているという。そして「行」に取り組む際に最も大切なことは効果や手ごたえといったことを考えずに「とにかく実践する」ということで、実践した上で後から理論を学び理解を深めて行く。それが「行」に取り組む時の基本であるという。

人間は「人生とは何か」「生きるとは」という問いかけを、おそらく一生自分にしていくのではないかと思われる。しかし、この難問はいくら考えても答えは出てこない。人生が終わる時になってはじめて人生が何であったかが結果的に分かってくるものである。「人生を送らないで人生は分からない」という識者の説明は実際そのとおりだと思う。同様に、単なる言葉や知識ではお遍路の魅力などは理解できない。「気づきの旅」といわれるお遍路の旅は、実践することによって健康のありがたさに気づく。感謝することの大切さに気づく。「現在」の大切さに気づくというように、普段気づかないことに気づかせてくれる。このようにお遍路の魅力は実際にお遍路に行って、実践することによってはじめて理解できる。お遍路に限らず、囲碁でも俳句でもヨガでも何事も実際にやらなければ分からない。「何事も理屈ではなく、とにかくやってみることが大事で、実践することによって自分の手で感じ取る、つかみ取るものである」との説明に納得し共感を覚えた。併せて般若心経などが実践を重視している理由がやっと理解できたように思う。

「成人の日はやはり十五日に」という投稿が目とまった。

「小正月を迎える行事は各地に残っているが、私の住む南越後では一月十一日を『若木迎え』、十四日は雪のかまくらの中で餅を焼いて食べ、かるたなどのゲームを楽しみます。十五日には昼に小正月の御馳走を食べ、それが終わると家族らは集落の入り口付近にある『さいの神』（道祖神）に火を点じます。ところが、時の流れなのか旧暦の一月十五日を祝う小正月がなじみの薄いものとなり、また都市に働く若い人たちのことも考慮して二〇〇〇年から一月の第二月曜日が『成人の日』に変更されました。その結果、地方の文化を伝える小正月の行事も遠い存在になりつつあります。長い歴史と向き合う小正月の文化を残すためにも『成人の日』をいま一度一月十五日に戻していただけないでしょうか」というものであった。祝日にはそれぞれの趣旨や目的、背景などがあって設定されており、それらを無視して単に「連休にすれば良い」というような便宜的な理由から変更するのであれば、それは単なる休日になってしまいかねないと思う。いずれにしても世の移り変りとともに古くから行われてきた年中行事が廃れていくことはさみしいことである。

同様に、お年玉年賀の抽選が「一月二十四日」とこれまでに比べて十日近くも遅くなっている（平成二十一年度）。遅らせた理由は年賀状の発売期間を一月十五日まで延長したことによるものだという。しかし、年賀状を出す期間は精々一月十日が限度であろう。年賀状が正月に伴う風習だとすれば、その抽選日も従前のように「小正月」である一月十五日に戻してほしいと思う。かつては正月が終わるとされる小正月の一月十五日に「成人の日」と年賀状の抽選があり、同時に年賀状の整理をしていたものだ。また唯一当たりやすい四等の切手シートも、その下二桁の当選番号は最近では二つのみになった。以前は少なくとも三つはあったはずである。メールの普及に伴い年賀はがきの売上が減少しているためかもしれないが、我が国の正月の風習のおかげで莫大な年賀状の売上収入を得ているとすれば、多くの国民がささやかな喜びを享受できるような「お年玉年賀はがき」であってほしいと思う。

六十五番三角寺《さんかくじ》へは四十五キロもある長丁場で、新居浜市《にいはまし》、西条市《さいじょうし》を経由し、伊予三島市（現・四国中央市）にある。その途中、国道一一号線沿いにある五葉松《ごようまつ》旅館に泊った。親切で心温まる遍路宿であった。三角寺は伊予路の最後の札所である。三角寺山（標高四百五十メートル）の中腹にあり、仁王門には大きな梵鐘《ぼんしょう》がある。境内に入る時に多くのお遍路さんはこの梵鐘を打って境内に入るが、この鐘をつくことによってお参りにきたことを諸堂のみ仏にお知らせする意味も込められているそうだ。厄除け、安産の札所として知られている三角寺には、本尊の十一面観音に免じてたった一つの「盗み」が許されるという奇妙な風習がある。

それは結婚して何年たっても子宝に恵まれない人は、三角寺の台所のしゃもじを誰にも見つからないように「盗んで」持って帰り、そのしゃもじで夫婦そろって食事をすると子宝に恵まれるという微笑ましいもので、寺の人はたとえその場面にばったり出会ったとしても、みて見ぬふりをするとかしないとか。「盗んだ」しゃもじのおかげで子宝が授かると、今度は正面から正々堂々と寺のしゃもじに新しいしゃもじを加えて二本にして返すというしきたりである。いつ頃からはじまったかは別にして、現在でもこの風習は残っており、地元の人々から「三角さん」として親しまれている。

「三界唯心《さんがいゆいしん》」という言葉がある。すべての現象は「ない」と思えばないし、「ある」と思えばある。要するに自分の心が認めれば「ある」し、認めなければ「ない」という世界である。このようにこの世のあらゆる現象や目に入るものは心の働きによって起こるもので、心の働きがなければ、たとえ存在していたとしてもないのも同然である。すべては心の持ち方によって決まる。まさに「三界唯心」なのである。

「存在しているものはまさに存在している」のであって「存在しているのに存在していない」といわれると分かりにくい。たしかに物質世界にあっては「存在しているものは存在している」ことは間違いない。しかし、もう一つの精神世界においては「存在しているのに存在していない」という現象が現実に起こっていることに気づかされる。たとえば、朝起きて新聞を読むとき、すべての記事を読んでいるわけではない。自分の関心のある記事を読んでいるにすぎない。

つまり、自分の関心があるところだけを拾い読みしているのであって、自分の関心のない記事は、たとえ記事が書かれていたとしても存在しないのと同じである。同様に、道を歩いていて目の前を自分の好みのタイプの人が通れば、いろいろと心が働く。しかし、まったく関心がない人だったらその人が通ったことさえ覚えていない。いわば「あってなきが如し」である。このように存在しているものは、必ずしもすべて存在しているのではない。自分の心が認めたものだけが存在している。

また、人間の心ほど不思議なものはない。非常に変化に富んでいる。人間の心というものは自由自在なもので、コロコロと変わる。人生は心の置きどころによって大きく変わるものである。もう一つの心の不思議さは、その「所在地」がはっきりしないこと。どこにあるのかと尋ねられても明確に答えられない。答えられないからといって「ない」のではない。また心が「ある」ことは間違いないとしても、形として示すことはできない。物質世界は「目に見える世界」で客観的で説明できるのに対し、精神世界は「目に見えない世界」で主観的で説明できない世界である。

結局のところ、精神世界においては、存在しているものがすべて存在しているのではなく、自分の心が認めたものだけが存在しているのである。そういう意味においてすべては心の持ち方で決まる。お遍路の旅でそういうことに改めて気づかされた。

第四章　讃岐（香川県）

（1）生かせいのち

六十六番雲辺寺《うんぺんじ》へは二十・三キロ。雲辺寺は行政区分上は徳島県に属しているものの、札所としては讃岐の最初の札所である。

「一国参り」の最後を飾る讃岐の遍路旅は「涅槃の道場」とも呼ばれ、距離も百七十キロ弱で平坦な部分が多く、これまでの土佐、伊予に比べれば比較的楽だと思っていた。しかし、実際は必ずしもそうではなかった。讃岐の遍路旅は難所の雲辺寺からはじまり最後の女体山越えも厳しかった。雲辺寺は標高九百十メートルと札所の中では一番高い所に位置している。番外霊場の椿堂から国道一九二号線を四キロほど行くと「境目《さかいめ》トンネル」。そのトンネルを越えると、もうそこは徳島県。

そのトンネルから二キロほど下った旧道に民宿岡田屋はある。民宿岡田屋に泊ることなしに雲辺寺に上ることは難しく、雲辺寺越えを目指す歩き遍路にとっては、ベースキャンプのようなもので地理的に重要な位置を占めているばかりではなく、親切で心温まる遍路宿である。夕食は食堂に全員が揃って歓談しながらいただくが、その壁には全国のお遍路さんから送られてきた記念写真が所狭しと掲げられていて、その中には顔見知りのお遍路さんの姿もあった。

お接待として雲辺寺に上る詳しい手造りの地図もいただいた。翌朝宿を出て小さな川沿いに行くとやがて「雲辺寺登山口」の標識がある。かつてはその登り口に大きなギンモクセイの木があったが、その後伐採されていたことは残念である。登山口の標識を左に上る。「ここが一番間違いが多いから気をつけて」。「右へ行かないこと」と注意事項が書きこまれた地図を片手に急傾斜の厳しい遍路道をあえぎながらひたすらに上る。かつて雲辺寺への登りは昔から「遍路ころがし」といわれる急勾配の坂道で、歩き遍路にとっては難所の一つとされてきた。やがて標高六百五十メートルの地点に達し、車道に出る。そこからさらに進むと優美な山門が姿を現した。雲辺寺への上りは「五キロで三時間」とのことであったが、実際には四時間もかかってしまった。

雲辺寺境内

雲辺寺は大同二年（八〇七）嵯峨天皇の勅願によりお大師さんが堂宇を建立し、千手観音を本尊として第六十六番札所と定めたと伝えられる。七堂伽藍が整備された鎌倉時代の雲辺寺は「四国坊」と呼ばれ、各地から学問僧が集まり「学問道場」として栄えた。

参拝を終えて六十七番大興寺《だいこうじ》へ向かったが、下りの遍路道も、九百メートルの標高差を一気に下るばかりではなく距離も延々と長かった。雲辺寺が難所とされる理由がよく分かった。

また平成二十四年（二〇一二）四月の三巡目の折には、頂上付近は大荒れの暴風雨が吹き荒れ、強風が唸《うな》っていた。雲辺寺を下り大興寺にお参りして観音寺市の遍路宿に到着、テレビを見るとJR四国のマリンライナーが強風のために瀬戸大橋の上で七時間も足止めされていたことが報じられていた。本当に春の嵐であった。

生活や仕事など毎日の実践を通じて自分を磨く時、自分を磨くもっともよい方法の一つはまず古典を読むことである。古典というのは先達の英知の結集であり長い歴史の中で生き残ったものであるだけに、時代を越えたすばらしい教訓に満ち読者に感動と共感を与え、「生きる知恵」の宝庫であるからである。

「歴史は繰り返す」といわれるように、人間そのものの根本は少しも変わっていない。従って大抵のことは古典の中にある。たとえ新しく思いついた「知恵」だとしても、実際にはそのほとんどすべては、長い人類の歴史の中ですでに先人によって述べられているといっても過言ではない。「古代人は現代人よりもすぐれた思考をしていた」のである。

その古典は、ヨーロッパの古典と中国の古典の二つに大別される。

もし、中国の代表的な古典を二点あげるとすれば、「論語」と「老子」。『徒然草』の著者吉田兼好もこれらの中国の古典の愛読者であったことが伺える。

人間の生き方を説いた書とされる論語に「学びて思わざるはくらく、思いて学ばざればあやうし」とある。現代語に訳せば「外からの知識を得るだけで、自分で考えることをしなければその知識は身につかない。逆に自分で考えるだけで外からの知識を得ようとしなければ、独善的になりやすい」という意味である。このように古代中国人はヨーロッパ人と同様に、すべてのものごとを「陰」と「陽」のように「対」としてとらえ、その両面から見るという考え方を身につけていた。この考え方が論理のすすめ方にも現れ、「学ぶ」ということと「思う」ということを「対」として並べることによって、別々では思いもよらなかったことが浮かび上がってくることが伺える。

「あなたの宗教は何ですか」と聞かれた時、多くの日本人は「宗教は持っていません」と答える。あたかも宗教を持たないことが立派なことであるかのように。しかし、国際人とは英語がしゃべれるとかコンピュータができる人という意味ではなく「あなたのアイデンティティ（本人であること、主体性）は」と聞かれたら「私はモスレム（イスラム教徒）です」、「ブッディスト（仏教徒）です」、「クリスチャン（キリスト教徒）です」とはっきり答えることができる人なのである。

答えられないと外国では非常に警戒される。実際問題、宗教を持たない国民は広い世界を見渡してもどこにも見当たらない。共産主義政権の下で抑圧されていた宗教も政権崩壊後、すみやかに復活している。宗教を否定したり、軽んじたりする風潮は、我が国に特異な現象であって世界的には珍しく、その意味において日本の常識と世界の常識とでは異なっている。

ある商社員がロンドンに転勤になったとき、取引先の人から「あなたの宗教は何ですか」と質問され、「特にありません」と答えると、相手は「信じられない」という表情をしたそうだ。たしかに日本人の多くは無宗教である。しかし、それでは国際的には通用しないことが分かり、その後その商社員は「ブッディスト」と答えることにしているという。「私は無宗教です」と答えることは、外国人にとっては「私は無節操な人間です」と宣言しているのに等しいのである。多くの外国人にとっては、宗教が精神生活のバックボーンとなり、心の拠り所となっていることが伺える。

六十七番大興寺《だいこうじ》へは九・八キロ。地元では山号の小松尾山《こまつおさん》に因んで「小松尾寺」と呼ばれ、地元の人に「大興寺」といっても通じなくて「小松尾さん」と聞かないと教えてもらえないそうだ。たしかに納経帳を見ると、寺号は「小松尾寺」となっている。

大興寺は、もともと平安時代の二大宗教思想であった真言宗と天台宗の二大宗派の修行道場として栄え、本堂に向かって左側に弘法大師堂、右側に天台大師堂という配置になっている。鎌倉時代の初期に造られた山門の仁王像は、威厳のある力強い一対の仁王像で、その高さは三メートルもあり四国では最大の仁王像とされている。境内の参道の右側にはお大師さんのお手植えとされるカヤとクスの大木があり、カヤは高さ二十メートル、幹回り四メートル、樹齢千二百年。クスノキはさらに大きく見事である。

お大師さんの教えを表す大きなスローガンである「生かせいのち」は、二つの側面を有しているように思う。一つは「自分のいのち」を充分に生かすこと。無用なこだわりをやめて、おおらかにのびのびと無心に生きること。そしてこの「現在」を大切にして精一杯に生きること、人生は動き出すこと、実践することによって「自分のいのち」を完全燃焼させせ、十分に生かすことである。

もう一つの側面は「相手のいのち」を充分に生かすことである。人間は一人で生きることができない。相手や自然との「共生」の中で生かされて、生きているという現実がある。「我あっての他あり、他あっての我あり」といわれるように、人間は持ちつ持たれつの関係の中で生きている。決して一人で生きているのではない。またこの世に存在するもので無駄なものは何一つもない。みんなかけがえのない個性と価値を持ってこの世に送りだされている。このような考えに立って「相手のいのち」を充分に生かすことが大切である。

いずれにしても、それぞれが持っているかけがえのない個性と価値に目覚め「自分のいのち」と「相手のいのち」を充分に生かすこと。そのことが「生かせいのち」に通じる道だと思われる。

住職さんはある対談で次のように話している。

「境内で遊んでいた子供のうちの一人はどこか違っていました。小学五年生の子供でした。話しかけてみると、父親が亡くなった寂しさを紛らわそうと寺にきているのだということが分かりました。ある日、『お遍路さんは先祖の供養のためにお参りしている』と話したら、彼は『僕の大好きなお父さんの供養のために参ろう』と自転車で八十八ヶ所を回ることを思いつき、実行した。その後お母さんの車に乗って走っていた時『この道を右に行けば何番の札所に行けるよ』というようなことをお母さんに言ったそうだ。そうするとお母さんはその声を聞いた途端に『自転車ならどれだけ大変だっただろうか』と涙があふれて、親の供養のためにここまでお参りしたかと思うとハンドルが握れなくなってしまった、という。自転車で回るにしても大変な道のりだから、彼は心からお父さんをしのびながら一心不乱にお寺を巡ったに違いありません。親がじっと見守っていてありのままの姿を見せていると子供達も何をすべきが分かってくるのでしょう」という。

六十八番神恵院《じんねいん》と六十九番観音寺《かんのんじ》へは八・七キロ。珍しいことに同じ境内に二つの札所がある。数多い札所の中で一ヶ所に二つの札所があるのはここだけで、一ヶ所で同時に二つの札所を巡ることができるのだからこれほどありがたいことはない。きっとお大師さんが難所の雲辺寺のあとということで「息抜き」をさせてくれているのかもしれない。しかし、同じ納経所で一度に二つの寺の納経をするので倍額の納経料（六百円）を支払うことになるが、よく説明をしないとせっかちなお遍路はなかなか納得しないで受付の僧と押し問答をすることもあるそうだ。

このように同じ境内に二つの札所があるが、二〇〇二年頃までは石段を約五十段上った所に神恵院があり、その下に観音寺があった。だから「上が神恵院、下が観音寺」と頭の中で整理していた。ところが神恵院の本堂と大師堂が最近になって下へ降りて境内の左側に新たに建立されたために、境内のほぼ中央にある巨大なクスノキをはさんで「右が観音寺、左が神恵院」ということになり、かつての上下の関係から横並びの配置になった。

五木寛之の「林住期《りんじゅうき》」によれば、古代インドには人生を「学生期《がくしょうき》」「家住期《かじゅうき》」「林住期」「遊行期《ゆぎょうき》」の四つに分ける思想があったそうだ。仮に「家住期」を「大人になって就職につき結婚して家を構える。子供を産み、育てる。やがて実生活をリタイアするまでの期間」だとすれば、

「林住期」は「職業や家庭や世間との付き合いなどのくびきから自由になって、じっくりと自分の人生を振り返ってみる時期」で、年齢的にいえば定年退職してから七十五歳前後までのことと受け止めていいのかもしれない。「社会人としての務めを終えた後すべての人々が迎えるもっとも輝かしい第三の人生」であるという。

時間は足早に過ぎ去っていき、あと戻りすることがない。そのことに気づく時、自分がまさにその最中に身を置いている「林住期」を大切にそしてフルに生きたいと思う。

観音寺の本尊は、その名のとおり観音様で、藤原時代の特徴を持った仏像で、優雅な体と秀麗なまなざしの坐像だという。当初観音寺は大宝年間（七〇一～七〇四）に日証上人によって開創された琴弾八幡宮《ことひきはちまんぐう》の神宮寺(神仏習合思想に基づき神社に付属して建てられたお寺)であったが、大同三年（八〇八）にこの地を訪れたお大師さんが本尊の聖観音菩薩像を刻み、堂宇を建立して安置し、六十九番札所と定めたと伝えられる。世間では一般に「かんのんじ」と発音するのに対して、地元では「かんおんじ」と呼ばれている。

境内の八幡神社を北へしばらく行くと展望台がある。ここから海の方に目を向けると眼下に「寛永通宝」の銭形が見える。東西百二十二メートル、南北九十メートルもある、巨大な砂絵で、きれいな円形にみえる。寛永十年（一六三三）にこの寺を訪れた丸亀藩主の生駒高俊公を歓迎するために付近の漁民が一夜にして造ったと伝えられる。この銭形を見ればお金に不自由しなくなるとかいわれているが、札所巡りのついでに一見に値する砂絵である。

新宿の映画館で「星の旅人たち」（英語の題名は「THE WAY」）を鑑賞した。この映画はサンチャゴ巡礼の旅が映画化されたもので、フランス国境近くからスペインの北西部ガリシア地方にある「サンチャゴ・デ・コンポステラ」に至る八百キロの巡礼の旅であった。この「サンチャゴ・デ・コンポステラ」はエルサレム、ローマと並ぶキリスト教の三大聖地の一つで、その大聖堂にはキリスト教十二使徒のひとりである聖ヤコブ（スペイン語でサンチャゴ）の遺骸が祀られているという。千年以上もの長い歴史を持つ聖地への道をいま年間約十万人がフランスのピレネー山脈を越えて行く。徒歩でおよそ一月の道のりである。この巡礼街道はユネスコの世界遺産に一九九三年に登録されている。

巡礼者たちは北部スペインの田舎の風景の美しさを楽しみつつ、見知らぬ者同士が出会い、語り合い、励まし合い、出会いと別れを繰り返しながら、サンチャゴ大聖堂へと向かう。

巡礼道の分岐点などには「黄色い矢印」が描かれており、巡礼者が進むべき方向が示されている。あたかも「へんろ道保存協力会」の遍路シールであるかのようだ。巡礼路にはホタテガイのマークのある標識が立っており、巡礼者は巡礼の証としてホタテガイをぶら下げて歩いている。大きな町にでると修道院、教会などが点在し、巡礼者に宿泊施設（アルベルゲ）として利用され、巡礼手帳を持つ人は誰でも泊めてくれる。共同の簡易ベッドに横たわるだけの質素な施設。基本的には予約はできず先着順。食事なしのところがほとんどで、宿泊代も十五ユーロ（約二千円）という格安さ。地元のカトリック教会などが有形無形の支援を行っているように感じられた。

そうした宿泊施設でいわば宿泊証明のスタンプを押してもらって、遥かに遠いサンチャゴを目指して歩き続ける。無事にサンチャゴ・デ・コンポステラの大聖堂に辿り着くと「巡礼証明」が手渡される。

巡礼者の目的はただ一つ。サンチャゴ大聖堂までの一直線の巡礼の旅であって、スペインの牧歌的な風景の中を歩くことによって巡礼者はこれまでの人生を見つめ直すチャンスを得る。いままで知らなかった自分を知る。人生の意味を知る。そしてそれは「生きることは何か」ということにつながっていく。サンチャゴ巡礼の旅も歩くことが基本で、歩くことによって何かをつかみ取る、感じ取るというように、四国遍路と共通しているところが多いように感じられ、大変参考になった。

（2）正解・正解・大正解

七十番本山寺《もとやまじ》へは四・七キロ。かつて財田川の右岸（流れに沿ってみて右側）を歩いていけば本山寺に自然に辿りつけると思っていたが実際にはそうではなく、道に迷ったことがあった。観音寺市の藤川旅館によれば、「財田川に架かる三架橋を打ち戻り、財田川の左岸に沿って歩いて行くと、車のとおりが少なく静かで、コスモスが咲き、右手には雲辺寺山が見渡せる。ＪＲのガードの下を通り、しばらく行くと本山寺が左手に見えてくる」とのことで、そのアドバイスに従って行くと、実に分かりやすく、静かな道路ですばらしかった。やはり地元のことは地元の人が一番詳しい。

本尊は馬頭観音。札所の中ではここだけで珍しい。「この馬頭観音を拝むと馬が草を食べるように我々の煩悩や悩みを馬頭観音が食べてくれる。そうしたことから馬頭観音のご利益によって煩悩が消え、病気が治る」のだそうだ。

境内に入ると正面に本堂、右手に大師堂がある。平安初期の建立で鎌倉時代に大規模な修理が行われている本堂は、国宝に指定されている。
本山寺のシンボルといえば何といってもその優美な五重塔。こんもりした森の中にひときわそびえる塔の姿は、本山寺の象徴でもある。境内に浮かぶバランスの取れた美しいその姿は国道十一号線からもかすかに見えるけれども、近くから眺めるとその美しい姿が一層胸に迫ってくる。四巡目の折、この五重の塔の老朽化に伴い、大規模な修理計画が持ち上がっていた。

この世に生きていれば「迷う」ことが少なくない。小さな迷いもあり、大きな迷いもある。一本道では迷う必要がないように、一つしかなければ選択の余地も迷う必要もない。しかし、二つ以上の分岐点や選択肢があったらあれかこれかと「迷う」ことが起こってくる。自分で選び、自分で決定するには責任を伴う。勇気がいる。だから選ばないで済む方がある意味では楽であるが、人生は小さいものから大きいものまでいわば選択の連続である。そして仮に二者のうちAを選択し、Bを選択しなかった場合、あとになって選択しなかったBの方がよかったのではないかと思い悩むことがある。

でも「覆水盆《ふくすいぼん》に返らず」で、すでに決めたことを覆《くつがえ》すことはできない。それにもかかわらず、「迷う」。そうであれば反対にBを選択したらよいかといえば必ずしもそうではなく、今度はAの方がよく見えてくる。要するに、困ったことに、自分が現実に手にしたものではなく、手にしなかったものがよく見えてくるものだ。辰野和男は「四国遍路」の中で「どちらの道を行こうか、どこまで歩いて行こうか、どの宿にしようかと迷うことがある。どんなに迷っても一度決めてその道を選び、一度決めてその宿を選んだ以上は、その選択が「正解、正解、大正解だったと思う。そう思い込む」と述べている。自分が判断し、選択したことを「正解、正解、大正解」と受け止めて、積極的に楽しむことが大事で、このことはお遍路に限らず、人生にも通じる知恵だと思う。

お遍路さんの菅笠には「迷うが故に三界は城　悟るが故に十方は空　本来東西無し　何処にか南北有らん」と書かれている。いってみれば、「こだわるな、とらわれるな」ということであろう。人は「迷い」はじめるととどまるところがない。しかしその「迷い」とはどこに存在するのかといえばどこにもない。自分の心が「迷い」をつくりだしているにすぎない。実体のないものに振り回されて人生の貴重な時間を過ごしていることはもったいないことだ。加えて「迷う」ということは、どうでもよいから迷うのである。もし死活に関することであれば「迷う」余裕などないはずだから。

七十一番弥谷寺《いやだにでら》へは十二・二キロとかなり長く、しかも最後が山を上ることになるのでかなりハードな道のりである。本山寺を出て国道一一号線を歩く時、大事なことはできるだけ早く、右側にある旧道の遍路道を歩くことで、車の通行もなく静かで、高瀬町まで通じている。

弥谷寺は「弘法大師の修行の道場」としてお大師さんが二度も修行を積んだ、山深くにあるお寺である。仁王門から二百六十二段の石段があり、さらに百八段の階段を上り切ったところに大師堂、納経所がある。本堂は右手の階段をさらに上って行く。大師堂に続く奥の院は岩壁の下の洞窟にはめ込まれるように建っており、その洞窟の奥はお大師さんが「虚空蔵求聞持法」を学んだという「獅子の岩窟」がある。

昔からこの弥谷寺は「死霊《しれい》の帰る山」と信じられ、地元では死者が出ると身内の者がその霊を背中に背負って境内におろし、帰りは振り向かないで下山するという風習が伝えられている。


一軒の茶屋が山門の近くにある。お遍路さんが書き残した俳句の短冊が、部屋の中に無数に張りめぐされていることから「俳句茶屋」と呼ばれている。弥谷寺の休憩所として百年以上の歴史を刻んできた。かつてはお遍路さんはすべてこの山門から入っていたが、最近になって新しくできた道路を使うと車やバス遍路は山門を通らなくなり、十年ほど前からこの俳句茶屋を通る人は事実上「歩き遍路」に限られることになってしまった。しかし、平成二十六年（二〇一四）十月に訪れた時は、全長二十四センチほどのアカゲラが人懐こく手のひらに止まり、そのかわいい姿に癒された。主人がひまわりの種を餌にして餌付けに成功したようであるが、たくさんの人出でにぎわい、大きな歓声が湧き起こっていた。

高齢になって口から物を食べられなくなって胃に穴をあけて人工的に栄養分などを送りこむ処置をすることがある。「胃ろう」と呼ばれる医療行為で現在約三十万人が受けているそうだ。その一方で回復の見込みのない人にまで延命措置がなされるケースもあり、人間の尊厳や「生活の質」がなおざりにされているのではという批判もある。

ある医者は「最後まで延命治療することが『絶対的な善』だと思っていたが、最近考え方が変わった」という。しかし、医師の方にも悩みがある。もし延命措置を中止すれば業務上過失致死罪に問われたり、家族から訴訟を起こされる可能性もあり「訴えられない医療」を優先している実態にあるという。

治癒が可能な場合には総力をあげて治療にあたることは当然である。しかし、一定の年齢を越えたら手術が行われないように、平均寿命（男性八十歳、女性八十六歳）を越えたら「ギア・チェンジ」することが必要で、「治療ではなく病気と上手く付き合う医療」「苦痛を軽減し、『生活の質』を維持する緩和《かんわ》医療」を優先することも現実的な対応だと思う。

最近になって日本老年医学会は、同様な趣旨の指針を発表した。それによると「高齢者の終末期における最善の医療及びケアは、必ずしも最善・最新の医療のすべてを注ぎ込むことを意味するものではない」と明記、高齢者の心身の特性に配慮して「苦痛を緩和したり残された期間の『生活の質』を高めるためにも緩和医療やケアの技術が用いられるべきだ」との考え方を示した。

欧米諸国にはいわゆる寝たきり老人と呼ばれる人がほとんどいないそうだ。なぜ外国には寝たきり老人がいないのか。その理由は「高齢あるいはガンなどで終末期を迎えたら口から食べられなくなるのは当たり前で、胃ろうや点滴などの人工栄養で延命を図ることは非倫理的であるとの認識が国民に共通しており、逆にそんなことをするのは老人虐待という考え方さえある」という。

北欧では高齢者の人権が尊重され、ホームヘルパーの充実など寝たきり老人にさせないためのさまざまな配慮や取組みがなされていることも注目に値する。

それぞれ人間は、寿命が尽きた時に死ぬのが昔の医学の原則であった。しかし、最近は寿命が尽きてもまだ人工的に生かす医学に変わってきた。どちらを選ぶかはそれぞれの患者の人生観によるのであろう。自然に「春夏秋冬」があるように人間には「生老病死」がある。いずれも自然の摂理として受容するほかない。ある世論調査結果によると延命治療について「希望しない」が八十一パーセントを占めているが、自分の足で行きたいところへ行き、自分の口で美味しいものを食べられなくなったら、自分としてはこの世にグッドバイすることをいとわない。

七十二番曼荼羅寺《まんだらじ》へは三・九キロ。七十五番善通寺の周辺には四つの札所が比較的固まって存在しており、曼荼羅寺もその一つである。曼荼羅寺といえば、「不老の松」。「不老の松」は樹高四メートル、東西十七メートル、南北十八メートルにわたってちょうど菅笠を伏せた格好で大地を覆っていた。お大師さんのお手植えといわれ、寺自慢の名木であった。ところが松くい虫の被害には勝てずに、平成十三年（二〇〇一）秋から十四年にかけて枯死した。いろいろと対策を講じたがどうにもならなかった。名残をとどめるために現在では松の幹部にお大師さんの姿を刻み、「笠松大師」として祀られている。長く愛されて来た名木は、姿を変えて人々の記憶の中で生きている。

「六波羅蜜」とは大乗仏教が説く修行の六つの徳目で、我々が人間性を磨くためにこの「六波羅蜜」を身につけていれば、人間的成長が得られ、幸福になれるとされている。日常生活に普通の人間が生きるための知恵として取り入れたいものである。

①布施＝人のために尽くすこと、お金や品物など有形のものを施す場合と明るく笑顔で接したり温かい言葉をかけるなど無形のものを施す場合がある。

②持戒＝自己の本分を忘れずにルールを守り人間らしく生きること、自分勝手に生きるのではなく相手のことを配慮しながら譲り合っていくこと。

③忍辱《にんにく》＝悲しいことや辛いことがあっても落ちこまずに困難に耐えること。

④精進＝最善をつくして努力すること。良い結果が得られてもそれにおごらずさらに向上心を

持ちつづけること。

⑤禅定＝心を落ちつかせて動揺しないこと。どんな場合でも心を平静に保ち雰囲気に流されないこと。

⑥智慧＝真理を見極め真実を認識する力を得ること。知識ではなくて智慧の心をもって考えること。

七十三番出釈迦寺《しゅっしゃかじ》は、曼荼羅寺からだらだら道を五百メートルほど上ったところにある。この札所の読み方は一見むずかしいように思われるが、素直に「しゅっしゃかじ」と読めばよい。出釈迦寺の納経所の方は、とても親切でさわやかな気分にさせてくれる。にこやかな表情でやさしいねぎらいの言葉をかけられ「和顔愛語《わげんあいご》」に接した思いがした。お遍路が札所の人とかかわりを持つのは専ら納経所だけに、納経所の印象で札所の印象が決まってしまうといっても過言ではない。

しかし、すべての札所が出釈迦寺のようにさわやかで親切だとは限らない。ある「歩き遍路記」には次のように記されている。「朝七時過ぎ、お参りを済ませて納経所に行くと、まだ誰もいない。ブザーを押して待つ。やがて住職と思われる人が寝起きの不機嫌な顔をして出てくる。朝の挨拶をしても無視したまま。揮毫捺印《きごうなついん》すると黙ったままお金を受け取り姿を消す。無愛想、不機嫌。

それでも仏に仕える身なのかと思うことが再三あった。（中略）納経帳を投げてよこす乱暴なお坊さんもいればいちいち拝んで丁寧に扱い、一人ひとりに言葉をかけていらっしゃる方もいた。次の札所への道を教えてくれてねぎらって下さった方もあった。総じていえば、若いお坊さん、女性の方はやさしかった」という。そういえば、出釈迦寺の納経所の方も女性であった。

ある識者は次のようにいう。「『恋愛は面倒』で人口減る。なぜ人口が減り続けるのか、カギは『面倒くさい』である。いまの若者には出会いも恋愛の過程も『面倒くさい』ことなのである。面倒くさいことは嫌だ。楽をしたいという思いが社会や産業を発展させてきた。でもこれは両刃《もろは》の剣。いまや恋愛を面倒くさいと思うようになった。はっきりいって人口の減少は政策では変えられない。日本を亡国から救う第一歩は、まず恋愛が生まれる場を作ること。恋愛感情は男女が一定の時間、一定の空間に閉じ込められていないと起こらない。舞踏会のように男女が肌と肌をあわせる場を全国に作って若者を参加させる。恋愛が生まれる場を制度化するのである」という。

総務省の調査によると、二〇一〇年時点で日本の男性の未婚の割合は、三十〜三十四歳で四十七・三パーセント、三十五〜三十九歳で三十五・六パーセント、四十〜四十四歳で二十八・六パーセント、女性では三十〜三十四歳で三十四・五パーセント、三十五〜三十九歳で二十三・一パーセント、四十〜四十四歳で十七・四パーセント。二十代ならまだしも三十代、四十代でもこれだけの未婚の人が多くなっているのは驚きだ。「結婚したいけれど積極的に婚活する位なら独身のままでいい」「結婚したいけれどちょっと無理かもしれない」など独身者のいい分はさまざまであろう。

その昔は、学校を出て就職し、仕事にも慣れてきたら次は結婚することが自然な流れであった。三十歳を過ぎても結婚しなければ、社会から変な目で見られるような雰囲気があった。しかし、最近の様相は、そんな昔と全然異なってきている。

人口問題研究所の「将来推計人口」によれば、現在一億二千八百五万人の我が国の人口が、五十年後の平成七十二年（二〇六〇）には一億人を割り込み八千六百七十四万人に減少すると予測されている。現在の人口に比べて三十三パーセントという大幅な人口減少は、歴史的にみても例のなかったことである。人口が減れば働き手がいなくなり消費は縮小する。千兆円を超える国の借金の返済も困難になる。年金制度などの社会保障や地域社会の維持も難しくなるだけに極めて深刻な問題である。

日本全体が経済の高度成長に突っ走る頃から他人のおせっかいを避け、一人でいることが普通の状態になった。子供には個室を、結婚したら別居をと個を尊重することが現代的とされてきた。その結果、複数の人数で日常生活をするのが億劫《おっくう》になり、他人とのかかわりを持つのは面倒になってしまった。しかし、我々は一人で孤立して生きているのではなく、あらゆる人間や動植物などとも密接なつながりを持って互いに生かし、生かされて生きている。現代人はこういう相互依存関係を無視して自己中心的な物の見方に肩入れをしてきた傾向があることも事実である。このように戦後の社会的、経済的、文化的な要因が極端な人口減少問題に複雑に絡んでいるものと考えられるが、詳細な原因分析とその対策が必要不可欠であると思う。結婚して子供を生み育てることは人間として自然なことである。「面倒くさい」が大きな理由の一つになって結婚しない世代が増加するとすれば、あとになって人生に悔いを残し、大きな問題といわざるを得ない。個人にとっても社会にとっても。

七十四番甲山寺《こうやまじ》へは三・四キロ。お大師さんの創設になる有縁の古寺である。弘仁九年（八一八）満濃池《まんのういけ》の堤防が決壊した時、修築を命ぜられたお大師さんは薬師如来を刻んで成功を祈願、徳を慕って数万人が集まりわずか三か月で修築が完了したという。お大師さんは薬師如来に感謝し、この功労で朝廷からいただいた下賜金《かしきん》の一部で堂宇を建立したのがはじまりと伝えられる。「病気、事故ナシ（七四）を祈る寺」でもある。香川県は河川が少ないので、ため池が大きな役割を示している。その数は兵庫県、広島県に次いで三位といわれている。

「キセル」という言葉がある。キセルは両端が金属で途中が竹でできている喫煙具である。不正乗車の異名にもなっている。ある電鉄会社が行った調査によると、キセルの経験者は九割と多く「誰かが迷惑するという実感がわかない」という意見もあったそうだ。一方、かつてドイツ国鉄を利用して各地を旅行した時、驚いたことは鉄道の駅に切符をチェックする改札口がないことである。ホームに降り立った乗客は、思い思いの方向に一目散に立ち去って行く。駅には改札口があるものと思い込んでいた自分にとっては大きなカルチャーショックであった。しかし、改札口がないからといって切符売り場がないわけではない。ドイツ人は改札口の有無にかかわらず、自らの判断に基づいて所定の切符を購入している。いわゆるキセルに慣れている我々日本人から見ると「改札口がなければただ乗りができていいな」と思いがちであるが、ドイツ人にいわせれば「おれたちはそんなことはしない。ちゃんと神様がみているのだから」と平然としている。そこには自らの行動を自ら律している姿が伺える。

他方、仮に我が国の鉄道で改札口がなかったら、無賃乗車をする者が続出するのではないだろうか。我々日本人が切符を購入するのは、サービスの対価としてではなく、あたかも改札口を通過するためであり、もし改札口がなかったら切符を買わない者が続出するように思われる。

行動の規範に関して欧米諸国では明文化されたもの（つまり聖書）が身近にあるのに対し、我が国にはそれがない。個人も企業社会も自らの行動をチェックする規範を喪失し、「人が見ていなければ何でもあり」「目的のためには手段を選ばず」という世の中になってしまった。欧米では「神の教えに照らして我が身の行いを律する」という考えが浸透しているのに対し、我々多くの日本人は我が身を律する規範を持ち合わせていない。もし、持ち合わせていたとしても、精々「見つかったらはずかしい」程度だという。かつては我が国にも「お天道様が見ている」という言葉があり、自らの行動の善悪をチェックする規範になっていた。しかし、いまや「お天道様が見ている」という言葉は死語と化してしまった。日本と欧米の違いは、結局のところ、人々の心の中に本当の「宗教」が存在するか否かの違いにあるように思われる。

七十五番善通寺へは一・六キロと近い。善通寺はお大師さん誕生の聖跡であり、真言宗善通寺派の総本山でもある。お大師さんは宝亀五年（七七四）、佐伯善通《さえきよしみち》と玉依御前《たまよりごぜん》の三男として現在の善通寺の御影《みえい》堂のあたりで生まれたと伝えられ、父の「善通」の名を寺号とした。東寺（京都）、高野山とともにお大師さんの「三大霊場」として昔から厚い信仰を集めている。

広大な境内は東院と西院との二つの区域に分かれており、両者は「二十日橋」で結ばれている。

東院には本堂や五重の塔があり、本堂には高さ五メートル余りの薬師如来が祀られている。南大門の近くにそびえる五重の塔は、その高さが四十五メートル、江戸末期から明治にかけて再建されたもので、総本山善通寺の象徴である。訪れた時は「平成の大修理」が行われ、内部を拝観することはできなかった。五重の塔の前にある大きな楠の木は、樹齢千二百年の古樹で幹の周囲は十三メートル、高さ三十メートル。お大師さん誕生の時にはすでに繁茂していたと伝えられる。

西院に戻ると、御影堂の床下に有名な「戒壇めぐり」がある。真っ暗な暗黒の世界を壁を伝いながらゆっくりと前へ進む。隣接の宝物館に行くと、お大師さんの遺品などたくさんの寺宝が展示されており、とりわけ注目したのは「一字一仏法華経序品」で、お大師さんが法華経を書き写し、その文字の横に母君の玉依御前が仏像を描いており、国宝に指定されている。

秋も深まったある日、高野山奥の院を訪ねた。高野山は弘仁七年（八一六）にお大師さんが開いた、真言密教の根本道場である。「最後に辿り着く聖地」といわれる奥の院。そこに通じる杉の巨木に覆われた参道は諸大名の墓が立ち並び霊場の雰囲気がたっぷりで、四国八十八ヶ所巡りを終えたお遍路さんがお礼参りに来ている姿もたくさん見られた。それにしても千二百年もの間、どれほどの人々がこの奥の院への道をたどったことであろうか。奥の院の御廟《ごびょう》では参拝者の一団が一生懸命に般若心経を唱え、その後「南無大師遍照金剛」の合唱が響きわたっていた。

そこにはお大師さんに対する報恩感謝の気持ちが伺えるとともに、煩悩にまみれている我々民衆が必死になってお大師さんにすがっている姿があった。

両親や親戚の期待を一身に担って当時の大学に入学したお大師さんは、二年後にきっぱりと自発的に退学し、四国に行って大瀧嶽《たいりゅうがたけ》や室戸岬などで修行に励む。栄達を競う生活や自分の利益だけを求める風潮に嫌気がさして、庶民の幸福のために自分の人生を捧げることに価値や生きがいを見いだしたのであろう。そこにはお大師さんのスケールの大きさと崇高な利他主義の考え方が伺える。もし官吏にでもなって自分の立身出世のことばかり考えていたならば、このように千二百年もの長きにわたって多くの民衆から慕われ、尊敬されるようなこともなかったであろう。

人間にとって自分自身のことさえも「思うようにならないこと」が多い。生きることも、老いることも、病気になって死ぬことも、自分の意思や努力ではどうしようもない。このように自分自身のことさえも思うようにならないのだから、まして他人のことは、たとえ自分の子供であっても、なおさらである。子供の幸福を願うことは親として当然だとしても、就職にしても縁談にしても親としてできることは少なく、限られている。結局のところお大師さんにお任せし、「祈る」よりほかない。

また戦後一貫して物質と効率を重んじた経済優先主義の結果、他方において「人間として生きるための基本」が失われ、世の中は行き詰まり、混乱に陥っている。現在ほどお大師さんの知恵や教えが求められている時代はないように思う。千二百年を経過した現在でもお大師さんほど多くの国民から慕われ、尊敬の念を集めている人はいない。改めてお大師さんの偉大さ、すばらしさを思い、お大師さんにすがる気持ちはますます大きくなるばかりである。個々の人間はもちろん社会全体としても。

七十六番金倉寺《こんぞうじ》へは四キロ。その途中JR土讃線の踏切、国道を渡って左折して遍路道を歩いている時に近くの畑からひばりがさえずりながら空高く舞い上がって行く光景に出会った。その光景を「人生は歩くことなりひばり舞う」と俳句に詠んだ。

境内に入ると、善通寺と同様に寺域の広大さに目を見張った。山門を入った正面が本堂で、唐の青龍寺を模して造られたという。春の花は気温が十度位で咲きはじめ十五度になると新緑になるそうであるが、金倉寺の山門の桜も見事である。札所にはいつどこへ行っても四季折々の花が咲いている。スイセン（一月）、モクレン（三月）、桜（四月）、ツツジ（五月）というように。訪れた人々が静かな穏やかな気分になれるようにとの思いが込められているのかもしれない。同時に花は誰からの指示を受けることなく、無心に咲いている。そしてまた寒い季節にも耐えて自分の出番の季節が来ればきれいな花を咲かせる。このように境内に咲く花々は訪れた人々にあたかも「無心に生きること」と「耐えて生きること」の重要性を教えているかのようだ。

最近よく聞く言葉「シンプルライフ」とは、「無駄を排除して必要最低限のもので暮らすこと」「モノに振り回されない暮らし」とされている。世の中にはモノがありあふれていて、身の周りを見回してみると、衣食住全般において如何に質素とは縁遠い日常生活を送っているかに気づかされる。我々現代人はあたかも「便利と幸福とを勘違いしている」かのようである。

ある投稿氏は次のようにいう。

「十八年間、夫婦で営業していた喫茶店を廃業した（略）。車のない生活には不安があったが、手放してみるとどうっていうことがないのです。人間の体に便利なものは人間の体を少しずつ弱くしていき、そしてモノを持てば持つほど心が重くなって行く。生活をシンプルにすればするほど、心が軽くなって行く。人がどう思うかを気にせずに、自分がどのように生きたいのかを考えて生きることの大切さや、お金も大事だけれども心豊かに生きることの方がもっと大切なのだということを学んだような気がする」とあった。

二十年間にわたって無事故で愛用してきたマイカーを定年退職を機に思いきって処分することにした。もちろん、あった方がないよりも便利であることはいうまでもない。しかし、何よりも交通事故の加害者になるリスクから解放されて心が軽くなった。「あると便利」ということは、いい換えれば「なくても平気」ということであり、なければないなりにどうにかなるものである。

古代ローマ人は「奪い取られるようなものは何一つとして持たないようにしていた」「一旦願望に枠がはめられた以上、どこまでもあてもなく膨らむようなことはない」というように質素な生き方をし、いわば「足る心」を持っていたという。余計なものは脇へ寄せてシンプルに生きる。モノを少なくすると生き方さえもシンプルになってくる。「モノを持たないことで得られる精神的余裕」が生まれてくる。効率や便利さを優先して追求してきた我々は、シンプルに心豊かに生きることの大切さをいま一度考え直す時期に来ているように思う。また、最近の子供達は何でも手にはいり、不自由していない。そうすると、傲慢で無礼な人間になりやすい。感謝することを忘れ、人の痛みが分らなくなる。もっと人の痛みが分かる人間になるために、そういう面からも質素な生き方が求められている。

金倉寺から七十七番道隆寺《どうりゅうじ》までの道のりは約四キロ。稲刈りの終わった、田園地帯にのどかな遍路道が通じている。キンモクセイの香りが一杯に漂っていた。道隆寺のあるこのあたりは、その昔は広大な桑畑であったという。この桑畑で誤って乳母《うば》を弓で射ってしまった和気道隆《わけのみちたか》が、嘆き悲しんでその供養のためにお堂を建て、その後お大師さんがこの地を訪れ、七十七番札所と定めたと伝えられる。山門を入って本堂に通じる参道にはたくさんの小さな観音像が立ち並んでいて、まるで観音様のお寺という風情であった。

境内の左片隅にある潜徳院という小さなお堂がある。このお堂は、江戸時代の丸亀藩の高名な目医者の遺徳を偲んで建てられたもので、いまでもその筋の信仰が厚く全国から眼病の人々が訪れ「メ、メ、メ」などと治癒を祈願した絵馬や折鶴等がところ狭しと掛けられている。自分の年の数だけ「目」の字を書いて奉納すれば治ると信じられている。たしかに「目」という字を書いて奉納すれば眼の病気が治るというのは、非科学的だという見方もできるかもしれない。しかし、病気というものを治すのは、もともと人間の体に備わっている「自然治癒力」であろう。人間をはじめとするすべての生き物は、病気になった時にそれを治そうとする力、自然治癒力をもっている。たとえば、体温を一定に保とうとしたり、傷ついた細胞を修復したり、体内に侵入した異物を攻撃することによって「秩序を回復する力」をもっている。この自然治癒力がなくなれば、いくら薬などを飲んでも治らない。そしてこの自然治癒力は心の作用が大きく作用してくる。「信じる力」が強ければ強いほど自然治癒力は高まる。

従って、このようにお祈りすれば「治る」のだと信じることができれば、自分の内部にある自然治癒力がより強くなって、その結果として治ってしまうことは充分にありうることである。

あるお医者さんが単なるメリケン粉にすぎない「薬」を患者さんに「この薬を飲むと良くなる」といい聞かせて渡したところ、翌朝「先生からいただいた薬はよく効いた」という声が聞かれたそうだ。暗示は「魔法の力を持つ」といわれる所以である。このように心の持ち方一つで大きく変わるとすれば、自分の心に「できる」「治る」というようにプラスの暗示をかけることは、生きる上において重要なことだと思う。

七十八番郷照寺《ごうしょうじ》へは七・一キロ。その中間地点の右手に丸亀城がある。郷照寺は宇多津町の高台にあり、穏やかな瀬戸内海の美しさを眺めることができるばかりではなく、科学技術の粋を集めて昭和六十三年（一九八八）に完成した瀬戸大橋をすぐ近くに見ることができる。郷照寺は札所の中ではただ一つ時宗に属する珍しいお寺である。また郷照寺は地元では「宇多津の厄除け大師」として親しまれ、特に正月には県内はもちろん県外からもたくさんの参拝客で賑わう。

山門をくぐり石段を上ると左手に鐘楼、右手が広い駐車場。さらに石段を上ると左手に納経所、右手に二層屋根の本堂がある。本堂の右手には「讃岐の三大ぽっくり地蔵」と呼ばれるお地蔵さんが赤い前掛けをかけてもらって座っていて、そのかわいい姿がなんともいえなかった。

「どんな最後を理想とすると思うか」。ある研究所が行った調査によれば、七十五パーセントが「ある日突然心臓病などで死ぬ」と答えた。その理由としては八十パーセント以上が「家族にあまり迷惑をかけたくない」と答え、「苦しみたくない」（六十八パーセント）、「寝たきりなら生きても仕方がない」（五十パーセント）がつづいた（複数回答）。人生に終わりが避けられないとすれば、「ぽっくりいきたい」と願って「ぽっくり地蔵さん」に手を合わす気持ちが良く分かる。また何歳まで生きたいかという質問に対して、「八十歳」が四十五パーセントでもっとも多く、以下「九十歳」二十パーセント、「七十歳」十七パーセントとつづいている。

郷照寺のある宇多津町は、その昔日本一の塩の産地として知られ、最盛期には二百ヘクタールの広大な土地で塩作りが行われていたという。郷照寺の山門の近くにある「地蔵堂」というお菓子屋さんは、明治四十三年（一九一〇）創業のお菓子の老舗で、参拝を終えたお遍路さんが立ち寄る。そのお目当ては手作りのおはぎ、よもぎ餅、そして塩餅。「塩田が栄えたころは塩田に従事する人がたくさん買ってくれました。最近ではその代わりにお遍路さんがたくさん来てくれるようになり、そのおかげでやっている」と三代目の主人は語る。

三月といえば、卒業シーズン。その昔、学校の卒業式でしばしば歌われる曲といえば、「仰げば尊し」と決まっていた。一番を卒業生、二番を在校生、三番を一緒に歌うというように卒業式には欠かせない歌であった。

仰げば尊し

♪仰げば　尊し　わが師の恩　教えの庭にも　はや幾年《いくとせ》
思えば　いと疾《と》し　この年月《としつき》
いまこそ　別れめ　いざさらば
♪互いに睦《むつみ》し　日ごろの恩　別るる後《のち》にも
やよ　忘るな　身を立て　名をあげ　やよ　励めよ
いまこそ　別れめ　いざさらば

この「仰げば尊し」の楽譜は、一八七一年にアメリカで出版された楽譜の中に収録されており、作曲者はH、N、Dとだけ表示されている。しかし、当時未婚の女性はイニシャルだけを表現することが多かったことから女性ではないかといわれている。原文をもとに大槻文彦ら三人の合議によって作詞が付けられ、我が国では明治十七年（一八八四）に発表された「文部省唱歌」に収録される。明治、大正、昭和にかけて学校の卒業式でしばしば歌われ、現在でも中年以上の世代を中心に多くの人々の心に残っている歌である。高峰秀子主演の「二十四の瞳」でも繰り返し歌われ、平成十九年（二〇〇七）には「親子で長く歌い継いでほしい曲」として「日本の歌百選」にも選ばれている。お遍路で長い道のりを一人で歩いている時に口ずさむ歌の代表格でもある。

数年前に「『仰げば尊し』いい歌なのに」と題した次のような投稿が掲載されていた。「十数年前、高校で学年を任されていた頃、卒業式の歌を何曲か生徒に聞かせ意見を聞いた。『仰げば尊し』のしんみりとした感じが好きで歌ってみたいとの意見が大半だった。早速学年の先生方に諮った。すると、①先生が生徒に恩を売る歌を強制するのはおかしい（わが師の恩）。②立身出世を強いる（身を立て名をあげ）。③いい回し（いと疾し）（やよ励めよ）なども古風で難解と反対意見が多かった（中略）。結局、生徒の気持ちを大切にしようとこれを歌ったが、生徒より保護者の感激の度合いが強かったようだ。卒業式でこれを歌う学校も減った。曲の良さが知られることなく忘れ去られるには誠に惜しい曲だと思う」と書かれていたが、同感である。

そもそも軍国主義をあおるような歌でもなく、口ずさんでも特段の違和感を感じない。古いから捨てるのではなく、たとえ古いものでも、良いものは価値を見いだして承継して行くことが大事だと思う。心にしみる「仰げば尊し」は、これからも歌い継がれていってほしいものである。

七十九番天皇寺《てんのうじ》へは六・三キロで、その途中に通る坂出市内の商店街の一部はシャッター街と化している。賃借している店が負担に耐えかねていち早く店を閉めたといわれる。近くに大型スーパーができた影響のようである。天皇寺は崇徳天皇ゆかりのお寺で、「保元の乱」（一一五六年、平安末期の兄弟対立から起こった内乱。崇徳天皇は武士の力で天皇を討とうとしたが失敗）で敗れた天皇は讃岐へ流され、そして長寛二年（一一六四）、この寺に滞在中の天皇が歌会へ出席の途中に暗殺され四十六歳の若さでこの世を去る。寺では崇徳天皇の死を京都に知らせその指示を待たねばならなかった。やがて遺体は白峰山で荼毘《だび》に付された。それから天皇寺と呼ばれている。天皇寺の近くにあるは八十場名物のトコロテンは、あふれる冷水でじっくり冷やされ、特に夏場にはお遍路さんの疲れを癒す格好の食べ物になっている。

あるエピソードによると、高齢の女遍路さんが後ろへ戻って来るので「何か忘れたのですか」と尋ねると「いいえ」とそれには答えず次のように語った。

「私は前の寺で般若心経を唱えたか、唱えなかったかはっきりした記憶がない。そんなことでは何のためにここに来たのか分かりません。大切なのはそれぞれの札所で心からお祈りすることであって、ただ本堂の前でお経を唱えればよいとは思いません。札所までの何里もの道のりを歩けたという感謝の気持ちを込めて真心を持って般若心経を唱えなければならないのに、唱えたかどうかおぼろげでは申し訳なくて、もう一度しっかり唱え直してきました」という。

このお遍路さんに限らず、こうしたケースは日常生活においてしばしば経験することである。たとえば外出する時、「電気、ガス、戸締まり」をいわば「三点セット」として確認することにしている。しかし、確認したか否かが定かでなくなる時がしばしばあるので最近では「指差確認」

している。考えてみれば人間の頭ほど、いい加減なものはない。確認したと思っていたとしても、思い込みであったり、勘違いがあったりする。だからJRなどでは思い違いなどを防ぐために「指差確認」して実際に言葉を出して確認しているのであろう。

このお遍路さんも本堂と大師堂でおそらく般若心経を唱えてきているのにちがいないと思われるが、唱えたかどうかはっきりと覚えていないということだと思う。

最近海外旅行が盛んになるにつれて時差に悩まされた経験をもつ人も多いと思う。その時差とは「各地方での標準時が示す時刻の差」とされ、「東京とロンドンでは九時間の時差がある」といわれるが、その仕組みは必ずしもよく分からない。ところで、地球は一日（二十四時間）にほぼ一回転自転しているので三六〇度を二四時間で割ると一五度となり、経度一五度につき一時間の時差が生まれることになる。日本では兵庫県明石市を通る東経一三五度を標準時と定めているので、たとえば東経一二〇度を標準時とする中国との差が一五度となり一時間の時差が生じる。世界の時刻の標準となる経度ゼロ度は、イギリスのロンドンを通っている。日本とロンドンとの時差は百三十五度を十五度で割ると九時間となり、ロンドンが昼の十二時なら日本では夜の九時となる。だから日本からヨーロッパに行くときは、限りなく「昼」を求めて行く形になり、時差に悩まされる。反対にヨーロッパから日本に向かう時は限りなく「夜」を追い求めるような形になり多かれ少なかれ眠るので、時差は余り気にならない。イギリスのロンドンから東へ行けば東経一八〇度、西へ行けば西経一八〇度、その一致点が太平洋上の日付変更線で交わっている。

八十番国分寺《こくぶんじ》へは七キロ。天平十三年（七四一）聖武天皇の勅願により諸国に国分寺と国分尼寺が建立されたが、この国分寺もそのひとつである。国分寺は前述のように阿波、伊予、土佐にもあり、ここは讃岐の国分寺。仁王門をくぐると正面にある本堂は、鎌倉時代の建立でどっしりと風格があり国の重要文化財に、本尊の十一面観音は国宝にそれぞれ指定されている。仁王門を入るとその右手奥には七重塔の礎石十五個が残っている。塔の高さは六十三メートルあったといわれる。この礎石跡の規模から見るとおそらく立派な七重の塔が建てられていたのであろう。

大師堂の中にある納経所には「つもりちがい人生訓」が置かれていた。それには次のようにあり、なるほどと、うなずけることが少なくない。

「つもりちがい人生訓」

「高いつもりで低いのは教養　低いつもりで高いのは気位」

「深いつもりで浅いのは知識　浅いつもりで深いのは欲望」

「厚いつもりで薄いのは人情　薄いつもりで厚いのは面の皮」

「強いつもりで弱いのは根性　弱いつもりで強いのは自我」
「多いつもりで少ないのは分別　少ないつもりで多いのは無駄」
「長いつもりで短いのは一生　短いつもりで長いのも一生」

江戸時代の儒学者である荻生徂徠《おぎゅうそらい》は、上に立つ人間が部下を用いる時の「八カ条の心得」を書き残している。現代でも充分に通じることがたくさん含まれている。その一つに「人の長所をはじめより知らんと求むべからず。人を用いて長所の現れるものなり。人はその長所のみを取ればすなわち可なり。短所を知るを要せず」として、部下の短所に目をつぶって専ら長所を発揮できるように仕向けることの大切さを強調している。

人間は誰でも叱られるよりほめられることによってやる気も出るし成功もする。人間は誰でも長所と同時に短所を持ち合わせているが、長所に目を向ければ短所が小さくなってみえなくなる。短所をあげつらうよりも長所に着目する方がずっと前向きだし、プラス思考だと思う。短所に着目するのではなく長所に着目すると、仮に短所があっても目立たなくなってしまう。前向きな考えとその実践である。

また中国の格言に「人を疑うなら用いるなかれ。人を用いるならば疑うなかれ」とある。いってみれば、信用できないと思うなら使うな。使うなら信用して一切を任せよということで、人を使う場合の大原則が示されている。松下幸之助はこのことについて次のように述べている。

「人を使うコツはいろいろあるであろうが、まず大事なことは人を信頼し思い切って仕事を任せることである。信頼され任されれば人間はうれしいし、それだけ責任も感じる。だから自分なりにいろいろ工夫もし努力もしてその責任を全《まっと》うしていこうとする。いってみれば信頼されることによってその人の力がフルに発揮されてくるわけである」と信頼することの大切さを強調している。

（3）心を解き放つ

八十一番白峰寺《しらみねじ》のある五色台《ごしきだい》は、標高四百メートルの台地で、その名の通り五峰（黄峰、白峰、赤峯、青峰、黒峰）からなる景勝地である。白峰寺はその最も西寄りの白峰の高台に位置し、瀬戸内海の雄大な景色が望める。特に瀬戸内海に沈む夕日がきれいである。

白峰寺へは六・七キロ。しかし、国分寺から五色台に上る遍路道は勾配が急で「遍路ころがし」と呼ばれている。その「遍路ころがし」では小鳥のアカゲラが人懐こく近づいてきて金剛杖にとまったり、差し出した手の平にとまった。実にかわいい。鳥は警戒心が強いものであるが、この道はお遍路さんしか通らないので安心しているのかもしれない。地元の人が餌付けに成功したという話も聞いたことがある。

五色台への遍路道は季節柄アケビが鈴なりになっていて、いずれも東京では決して見られないすばらしい光景であった。

国分寺からの急な上り坂を上ると、県道の「一本松」に出る。左に自衛隊の演習地をみながら県道を道なりにすすみ「古田《ふるた》」で右折して昔ながらの遍路道に入った。白峰寺の手前三百メートルの所にくると、左手に大きな「下《げ》乗石《じょういし》」がある。「下乗」とは乗物から下りること。「ここからは聖地なのでどんなに高貴な身分の者でも乗物から下りて自分で歩いて参拝しなさい」ということで、白峰寺が近づいたことを気づかせる。「下乗石」には「天保七年」という文字が読みとれたので、いまからざっと百五十年前の江戸時代の後期に建造されたものであることが分かる。

アカゲラ

前述のように、平安末期の「保元の乱」で敗れて讃岐に流された第七十五代崇徳天皇がこの白峰寺で荼毘《だび》に付された。長寛二年（一一六四）に崩御された天皇の白峰御陵がある。「この世を怨に思っていた崇徳天皇の霊を慰めたい」と西行法師もこの地にやってきて、この近くに一時滞在したと伝えられる。

「鳴けば聞く聞けば都の恋しさにこの里過ぎよ山ほととぎす」。都を恋しく思い、朝廷への怒りと恨みに身を震わせながら逝去した天皇の死後、都では天変地異がつづいた。そこで天皇の怒りを和らげ、霊を慰めようと頓証寺を建久二年（一一九一）に建てた。この裏山に天皇が眠る白峰御陵がある。白峰寺が全国的にも名高いのも崇徳天皇の御陵が隣接して設けられたことによるところが大きい。この御陵を管理する寺として頓証寺があり、これらを包括する寺として白峰寺は栄えてきた。

札所でみられる「祈り」の光景。その「祈り」には「請求書的祈り」と「領収書的祈り」との二つがあるという。我々凡夫は多くの場合「ああして下さい」「こうして下さい」と神仏にお願いし、いわば請求書を突き付けているのが一般的であるが、本来の「祈り」は「ありがとうございました」という祈り、いわば「領収書的祈り」が本物の「祈り」だという。

また「人生とは自分の思うようにならない」ことが多いことにも気づかされる。たとえ現在は健康に恵まれお遍路の旅を楽しんでいるとしても、その状況はいつまでも続くとは限らない。生きている限り理屈ではどうすることもできない苦難に出会うことがある。札所では多くのお遍路さんが「南無大師遍照金剛」と唱えていたが、いってみれば「お大師さんにすべてをお任せし、その結果をすべて受け入れます」という「祈り」の声であった。結局のところ、我々人間には、自分の意思や努力などを超越していてどうにもできないもの、コントロールできないものがあり、それらについてはお大師さんにお任せして「祈る」ことしかできないように思われる。

「虚往実帰《きょおうじっき》」という言葉は、簡単にいえば「虚《むな》しく往《ゆ》きて満ちて帰る」ことである。延暦二十三年（八〇四）にお大師さんが唐に渡り、自分が求めていた以上のものが得られた喜びと心の充実がこの言葉に込められているという。「虚往実帰」という言葉は、お遍路に行って自己と向き合い、多くのことに気づかされ、たくさんのエネルギーとパワーをいただき、充実感に満たされて帰ってくる四国遍路にも通じるものがあるように思われる。

景勝地である五色台には二つの札所がある。西の白峰寺に対して東の青峰にあるのが八十二番根香寺《ねごろじ》。その根香寺へは四・六キロ。五色台の簡保センターから県道に出て「古田」で左折して昔ながらの遍路道に入る。緑のトンネルで積もった落ち葉を踏んで行く遍路道である。

根香寺の本尊は千手観音。お大師さんが香木に像を刻んで安置したと伝えられ、この香木の香りが余りにも高いので寺の名となり、その香りが川に流れて香ることから「香川県」の名前がつけられたという。

平成二十四年（二〇一二）の春、白峰寺から根香寺に通じる緑におおわれた遍路道を歩いていた時、「逆打ち」のお遍路さんと出会った。互いにあいさつを交わした後、かなりの年配の方に見えたので「お歳はいくつですか」と尋ねた。するとびっくりしたことに「八十五歳です。山口県の防府からきました。今日は白峰寺に参り、国分寺の近くの遍路宿に泊ります。この春は松山の石手寺まで行き、残りの後半は秋に行きます」とのこと。これから松山まで行くと簡単に言っても、その距離は二百六十キロにも達し、途中には雲辺寺や横峰寺という難所も待ちうけている。

我々は、常日頃「できない理由」をあれこれ見つけて実践しない言い訳をしていることが多い。はじめから「三十キロ以上歩くのはとても無理だ」と思い込んで自分を縛っている。しかし、その気になれば、あるいは仕方ない時は三十五キロだって歩くことができるのである。「もう歩けない」、「できない」と何の根拠もなしに決め込んでいる自分の「心を解き放つ」ことが大事である。我々は、固定観念や常識あるいは思い込みによって自分の心を自ら縛ったり狭めている場合が多い。生きる上で大切なことは、自分が固定観念にとらわれていることに気づき「心を解き放つ」ことである。このお遍路さんからたくさんの元気とパワーをもらったような気がした。「年齢というものは心の中にある」といわれるように、気持ちの持ち方一つでどのようにもなるものだから。

平成二十六年（二〇一四）の秋、根香寺にお参りしたあと八十三番一宮寺《いちのみやじ》に向かった。十三キロの道のりでかなり歩きがいがある。五色台を下り終えた右手に「杜季《とうり》」というランチの店がある。五色台の簡保センターを朝出発すると、ちょうどこのあたりがランチタイムとなる。ランチを食べて支払いを済ませようとした時、あるグループの一人が「お遍路さん、どちらから」「東京から」と答えると、「遠いところご苦労さまです。ささやかなお接待です」といって代金を代わって支払っていただいた。本当にありがたく感謝のほかない。四国の人はお遍路さんに出会うと決まったように「どちらからこられたのですか」と聞くが、この時も同じであった。初対面の時お互いに聞きやすく答えやすいテーマなのであろう。

ＪＲ鬼無《きなし》駅を過ぎて飯田町に差し掛かると「飯田お遍路休憩所」があり、お茶や地図の接待など「歩き遍路」を温かく迎えていただく。運営しているのは近所に住むＫさん。この休憩所の特徴の一つはトイレの設備があること。四国の各地に作られている「へんろ小屋」では休憩はできても、トイレの設備はない。その後の維持管理が大変なことが理由のようである。「飯田お遍路休憩所」はそういう意味においてもありがたい存在である。またこの休憩所でKさんの編集による小冊子をいただいた。それには次のような心に響く言葉がずっしりと詰まっていた。

「山道を黙々と歩く。自然に咲く花は美しくまたやさしい」「道ばたに咲くタンポポの根のように強く、タンポポの花のように美しく生きたい」「とにかく歩き続けること。そうすれば必ず何か見えてくる」「へんろ道で空を見上げたら人間のあまりの小ささに気づきました」「楽しい一日にするか、悲しい一日にするか、それは自分の心が決めること」などとあった。

春にお遍路に行くと、遍路道にはタンポポやスミレ、菜の花が咲き、山には純白の山桜が咲いて、ウグイスの鳴き声も聞こえてくる。空を見上げれば、白い雲が流れている。たしかに豊かで雄大な自然に接していると、自分の存在が如何に小さなものであるかに気づき、こだわりをやめておおやかに生きることの大切さに気づかされる。また、「まず心が輝き、それから瞳が輝き、人生も輝く。まだ速すぎるということ、もう遅すぎるということは人生にはありません」という奈良・薬師寺の高田好胤元管長の言葉も心に響くものがあった。

四国に住む人々のお遍路に対するお接待。そのお接待もいろいろで必ずしも一様ではない。しかし、共通していることは相手の喜びを自分の喜びとする崇高な「利他の心」が根底に横たわっていることである。損得の視点で何でも見てしまう風潮が強い現代社会の中で、人の役に立つこと、人に喜ばれることを黙々と実践している人々の姿に感激させられる。このようにいろいろな心温まるお接待に支えられてはじめて「歩き遍路」ができることを考える時、本当に感謝の気持ちでいっぱいである。

また四巡目の秋、一宮寺に向かう折、台風十八号の影響で大雨が降り、いつも利用する香東川に架かる遍路橋が流されて通行不能になっていたのには戸惑った。しかし、地元の人が「この川沿いの遊歩道を歩き、ここから四つ目の橋を左に行けば一宮寺に行ける」と教えていただき、親切な道案内に感謝した。

境内の中央にはクスノキの大木があり、本堂の前にある「地獄の釜」という石の祠《ほこら》には次のような「薬師如来縁起」が伝えられている。この近くに意地悪なおタネというおばさんがおり、ある日のこと「この寺には地獄の釜があり、悪いことばかりしている人は、この中に頭を入れると閉まって抜けなくなる」ということを聞いた。そこでおタネおばさんはそんなことがあるものか。ちょっと試してみようとこの祠に恐る恐る頭を入れた。すると扉が閉まってお堂の中からゴォーッという地獄の音がしてきた。慌てたおタネおばさんは頭を抜こうとしたがなかなか抜けず、とうとう涙を流しながら「いままでのことは許して下さい。もう意地悪はしませんから」と何回も頼むとやっと扉が開きすっと抜けた。その後おタネおばさんは心を入れ替え、近所の人からも親しまれるようになったそうだ。

住職さんは「お遍路とは気づきの旅」だと次のように語る。「お遍路というのは気づきの旅だと思うのです。自分をみつめなおすきっかけになる。自分はこんなにたくさんの人に支えられているのか、助けてもらっていたのかということに気づくことができたとすれば、信仰の道に一歩踏み出したことになります。信仰ではなくて自己発見や癒しのために来た方も最後の八十八番の結願《けちがん》ではそれまで思っていたことと何か違うものに気づくはずです。何気なく見過ごしていたことに気づき、意味のないことだと思っていたことに意味があることに気づく。お大師さんの加護によって生かされていることに気づくとすれば、それが信仰なのです。そのようになるきっかけはいろいろありますが、その一つがお遍路に出ることでしょう。私たちお遍路さんを迎える側としてはとにかく何かに気づいていただければ、ありがたい」とのことであった。

たしかにお遍路の旅は「気づきの旅」である。健康のありがたさに気づく。生かされて生きていることに気づく。足ることの大切さに気づく。感謝することの大切さに気づく。雄大な自然に比べて自分がいかに小さな存在であるかに気づくというように。歩いていると無心になれるので普段気づかないことに気づかせてくれるものだ。

（4）大切な利他の心

八十四番屋島寺《やしまじ》へは十四キロ。その途中、栗林《りつりん》公園や高松市の中心部を通る。屋島は二百九十三メートルの台地で南北二つの峰に分かれ、南嶺にある屋島寺は真言宗御室派《おむろは》に属している。屋島寺は唐僧の鑑真《がんじん》が屋島に立ち寄り堂宇を建設。のちにお大師さんが登山して一夜のうちに本堂を建立して本尊を安置したと伝えられる。その後戦乱で衰退したが、藩主の援助により再興され現在に至っている。

平成二十二年（二〇一〇）の秋、その日は栗林公園の近くにある「讃岐会館」に泊った。翌朝、宿を出て屋島へ向かう時、中央通りの左側に四国新聞社が見えてなつかしく思った。というのは、平成三年（一九九一）四月に高松に転勤して間もなく、「人間・空海を語る」というNHK文化講演会がこの七階ホールで開催され、お大師さんの生き方や考え方に接して共感することが多く、お遍路に親しむきっかけとなったからである。いまとなってはもう二十四年も昔のことである。

屋島に上る遍路道は、整備され快適な遊歩道となっていて地元の愛好家がよくウォーキングを楽しんでいる。仁王門から中門をくぐると正面に本堂。右手にお大師堂がある。仁王門をくぐって左手に行くと、眼下に風光明媚な瀬戸内海が見渡せる。しかし源平の古戦場で知られ、香川県の代表的な観光地である屋島は、このところ地盤沈下が著しい。観光客は最盛期の三分の一に減少したといわれ、かつて東京をはじめとする関東圏からの修学旅行生が多く訪れたが、交通機関の発達によって移動距離が延びたことも原因しているらしい。ホテルも次々に廃業に追い込まれ、平成十六年（二〇〇四）には屋島ケーブルも姿を消した。

屋島へ上る遍路道の右手に「喰わずの梨」という遺跡があり、その案内版には次のように書かれている。

この屋島にお大師さんがやってきた時、屋島の麓に大変けちん坊な甚兵衛というお爺さんが住んでいた。秋のはじめのある日のこと、屋島へ上がるためにここを通りかかったお大師さんは、長旅で疲れてとてものどが渇いていた。そこでお大師さんは、梨の木を指して「旅で疲れて喉が渇いているのでその梨を一つもらえませんか」と頼んだ。すると甚兵衛じいさんは「気の毒ですが、うちの梨は水気がなく堅いので食べられません」といって断った。お大師さんは仕方なく屋島へ上がって行った。

甚兵衛じいさんは「ああ、よかった。こんなにおいしい梨をやったら損をするところだった」といって木から梨を取って食べた。ところがそれまで水気があり、おいしかった梨が水気もなくなり歯もたたない堅い梨になったという。困っている人があり、施す物があるにもかかわらず施す心がなければ、このようなことになるという戒めであろう。その遺跡は現在も屋島に上る遍路道の右側に残されている。

実際問題、他人の利益を優先すれば、自分は損をすると思っているが、必ずしもそうではない。世のため、人のために尽くすということ、つまり「利他行」は他人だけではなく、自分にもあまねくよい結果をもたらすものである。換言すれば、相手の立場を考えないで、自分の欲得ばかりで行動していると、結局のところ自分のためにもならないということであろう。

屋島で「喰わずの梨」の遺跡に接して、改めて「利他の心」の大切さに気づかされた。

八十五番八栗寺へは七・二キロ。しかし、屋島からの急な下りの遍路道を利用すれば距離的にはもっと短くなる。五剣山（標高三百八十メートル）の中腹にある八栗寺は、天長六年（八二九）

の創建でお大師さんが開基。山頂からは八か国が見えるので「八国寺」といわれていたが、お大師さんが唐に行く前に植えた八つの栗が帰国後にことごとく成長、繁茂していたので八栗寺と改められたと伝えられる。八栗寺の本尊は聖観音で、境内には歓喜天が祀られ商売繁盛を願う多くの人々が参詣する寺である。

屋島寺から急な坂道を下って八栗寺に向う途中に洲崎寺がある。この寺には『四国遍礼道指南』の著者である真念の墓がある。江戸時代に遍路の普及に大きな貢献した恩人である。この寺の近くで亡くなり知られないままであったが、発見されて昭和五十五年（一九八〇）にここに移されてきた。

その八栗寺への参道沿いにあるのが「うどん本陣・山田家」で、地元の人のみならずお遍路さんも良く利用する。さらに坂を上って行くと、ケーブル駅に到着。そのケーブルの左手にある遍路道を上って行くと「お遍路さん、お接待です」と呼びとめられる。お茶とお菓子を御馳走になり、元気をいただいて急坂を上って行った。山門を過ぎると、正面に本堂、左手に歓喜天を祀る聖天堂があり、大師堂は右手の奥にある。

般若心経はいろいろな経典からそのエッセンスを寄せ集められたものとされ、二百六十二文字からなる最も短い経典といわれている。この般若心経ほど四国のお遍路と密接な関係があるものはなく、どこの札所でも唱えられている。また写経といえば般若心経といわれるほどに我々に身近な存在である。しかし、その内容となると、実に難解で奥深いものがある。仮に前半と後半に分けるとすれば、前半では繰り返し「空《くう》」の思想が説かれ、「空」とは何か、「空」になるためにはどうすればいいか、結局のところどのように生きて行けばよいかが説き明かされている。空の思想は他方において「存在の原理」をあらわしている。つまり般若心経は「すべての存在は空である」と一旦否定するものの「否定の否定」を通じて肯定に持っていく。たとえば「生まれたものは必ず滅びる」と一度否定して、それでは命のある限り精一杯に生き抜きベストを尽そうということになる。

般若心経のキーワードは「色即是空《しきそくぜくう》」。多くの解説書では「すべてのものは移り変わり一瞬たりとも同じ状態ではない」「すべてのものは実体がない」。従って「こだわるな」というように解説されているが、もう一つ抽象的で分かりにくい。しかし、作家・新井満の『自由訳般若心経』では次のように訳されていて、想像力が豊かで実に分かりやすいと思う。

「この世に存在する形あるものとは、たとえていえばあの大空に浮かんだ雲のようなものなのだ。雲は刻々とその姿を変える。そうしていつの間にか消えてなくなってしまう。雲がいつまでも同じ形のまま浮かんでいるなどということがありえないように、この世に存在する形あるものすべてに永遠不変などということはありえないのだ（中略）。いまそこにあったとしても瞬くうちに滅び去ってしまう。そうであるならば、そんなつかのまの存在に対してこだわったり思い悩んだりすることはばかばかしいことだ」と訳されている。「自由訳」とは聞き慣れない言葉であるが、「何を伝えようとしたのか、懸命に考えるうちにふとわかる瞬間が来る」のだそうだ。

「若い時は一日は短く一年は長い。年をとると一年は短く、一日は長い」（ホイットマン）という。「人生は退屈すれば長く、充実すれば短い」といわれるように、たしかに還暦からは古稀までの十年間はあっという間に過ぎ去り、「一年は短い」ことを実感した。「時の経つのが早いと思うのは、人生が分ってきたからだ」（ギッシング）といわれる。

八十六番志度寺《しどじ》までは七・六キロ。塩谷《しおや》に出て志度街道を直進すると志度寺に行きあたる。門前にある「いしや旅館」は、築百二十年の静かで落ち着いた和風旅館で、建物は「登録有形文化財」に認定されている。旅の疲れを癒し、心の和む宿である。

寛文十年（一六七〇）に建立された志度寺の仁王門は、日本の「三大名門」の一つといわれ、大きな二足のわらじが吊るされた仁王門の背後には二メートルを超える大きな仁王像がいかめしい形相をして参拝者を見下ろしている。本堂に向かって左手にそびえたつ五重の塔は、昭和五十年（一九七五）に建立されたもので比較的新しい。

徒然草によると「人間の生活に生老病死の移りくることも四季の推移と同じで、待ったなしに早いものだ。四季の変化はまだ一応定まった順序というものがあり、春の次には冬は来ない。冬からいきなり夏へは飛ばない。しかし人間の死ぬ時というものは年の順には必ずしもやってこない。死は前の方から姿を見せて来るとは限らない。人の気づかぬうちにこっそり背後に忍び寄っているものだ」という。

人間は繰り返しになるが、「生老病死」と呼ばれるように生まれて生きて、やがて老いて最後には病気になって死ぬ。その意味において人間の死亡率は百パーセントである。一切の例外はない。すべての生物は生まれて死ぬことを永遠に繰り返している。人間も生命を次代に伝えたのちは死ぬという点においては他の生物と変わりはない。人間の生命はせいぜい八十年。うかうかとしているとあっという間に過ぎ去ってしまう。だからこの世に生まれて来たからには有意義な毎日を送ることである。生きている間は生きることだけを考えてしっかり生きること。大事なことはいかに死ぬかではなく、いかに生きるかである。だから死ぬまでしっかり生きること。換言すれば充分に生きてから死ぬことである。死んでしまってから後悔してもはじまらないから。たしかに立派に死ぬことは大事なことにちがいない。しかし、それよりもはるかに大事なことは立派に生きることである。

人間にとって避けられない死については、さまざまな見方がある。

まず最初に、生と死は混ざり合っているとする仏教的な見方である。「仏教では死を『氷が解けて水になるようなもの』だと考える。最初の状態では百パーセントの氷である。しかし、誕生の瞬間から死ははじまっている。百パーセントの生の状態を出発点として少しずつ死の状態が開始される。そしてたとえば九十パーセントの生と十パーセントの死の状態を通過し、五十パーセントの生と五十パーセントの死といったように、生と死が半々の状態になる。さらに氷が解けてどんどん水が増えていく。そして最後には氷が完全に溶けて百パーセントの水になる。それが一般にいわれている『死』である」とする仏教的な見方である。モンテニューも「死は至るところで我々の生とまじりあっている」と述べ、生の中に死があると感じていた。

次に、眠りから目覚めるか否かという見方である。朝起きた時に目覚めたら生きている、目覚めなかったら永眠、つまり死んでいるとの見方がある。「死は眠りである」というのは実感に基づいている。布団やベッドに身を横たえ、眠りについた時、そのまま眠りから覚めなければすなわち死である。そういえば、たしかに我が国でも「永眠する」という言葉が使われている。

第三に、一切のコミュニケーションが断絶することが死であるという見方もできる。死の瞬間を境にして一切の対話が断絶してしまう。こちらから話しかけても一切の応答がないばかりか、先方からも一切の話しかけも問いかけもない。「我々が生きている限り、死は現に存せず、死が存する時にはもはや我々は存在しない」として生と死が厳格に区別されていることが伺える。「千の風になって」の歌詞に「私のお墓の前で泣かないで下さい。そんなところにはいません」とあるが、この歌詞の最大の特徴は、向こうの世界に行った者が意外なことに「そこには私はいません」と語りかけていることである。なんともいえない新鮮さがそこにある。

たとえ色々な見方があるとしても、率直に言って死というものはよく分からないのが実情である。なぜなら、一旦死んだ人が舞いもどって向こうの世界の状況を「報告」するということがこれまでまったくないからである。

いずれにしても、百年後、お互いにこの世にいないことだけはたしかである。

志度寺から七キロ歩いて八十七番長尾寺《ながおじ》に到着すると、仁王門の左右に弘安年間（一二七八～八八）に建てられた経幢《きょうどう》がある。経幢とは元寇《げんこう》の役《えき》（鎌倉時代にモンゴルによって二度にわたって行われた日本への侵攻作戦）で亡くなった将兵の霊を鎮めるために、供養塔として建てられたもので国の重要文化財に指定されている。境内に入ると樹齢八百年の大楠がある。正面の本堂を挟んで右手に大師堂、左手に納経所がある。広い境内にはベンチが置かれ付近の住民やお遍路さんにとっておしゃべりと休息の場になっている。秋には恒例の菊花展が盛大に開催されるが、長尾寺の名物行事の一つに「大鏡餅力持ち運び」がある。毎年一月七日の寒い時期に大鏡餅と台の三宝併せて百七十四キロを持ちあげて運ぶ。つまり大鏡餅を運び力比べをするもので、当日は数万人の参拝者でにぎわう正月行事で百年以上続いているそうだ。

長尾寺をお参りすれば結願は目前。お遍路の目的は色々あるが、近年は「自分探し」に重点を置くお遍路さんが増えているそうだ。しかし健康でなければお遍路の旅を楽しむことはできない。健康は幸福のための第一条件である。健康維持の三原則は「運動」「栄養」「休養」とされている。一般的には七キロを歩くのに一万歩足を動かすとされているので、仮に一日二十八キロ歩けば四万歩足を動かすことになる。このように毎日四万歩も歩くことによって、身体的には極限状態なまでに疲れるので、取っておきの睡眠薬になる。歩く人はよく眠れる。ぐっすり眠れれば十分な休養がとれ、健康を取り戻せる。翌朝の目覚めも快適である。よく歩けばよく食べられるし、よく眠れる。健康にとってこれほど良いことはない。「歩き遍路」の鉄則は疲れを翌日に繰り越さないこと。疲れを翌日に繰り越しては「歩き遍路」は続けられない。いい換えればその日の疲れはぐっすり睡眠をとってその日に解消しておくことが必要である。

そしてお遍路には前述のように「お四国病」の呼び名がある。歩いているうちに細かなことが気にならなくなる。イライラくよくよが減っていく。「お四国病」の名は、歩くということがいかに人間の心身の元気を回復するのに役立つかを教えている。

心身の健康の秘訣に関して次のような「十少十多の健康訓」がある。

「語ることを少なくして聞くことを多くせよ」
「言うことを少なくして行《おこな》うことを多くせよ」
「取ることを少なくして与えることを多くせよ」
「責めることを少なくして褒めることを多くせよ」
「乗ることを少なくして歩くことを多くせよ」
「怒ることを少なくして笑うことを多くせよ」

いずれも大事なことであるが、特に「乗ることを少なくして歩くことを多くすること」が健康の秘訣であることに共感を覚えた。いずれにしても「歩き遍路」が、心身の健康に取ってすこぶる良いことだけは間違いない。

人生の基本は「怒らず、恐れず、悲しまず、正直、親切、愉快を実行すること、良い習慣をつけるようにすること。積極的に人と交流すること。消極的な感情や思考を抱かないようにすること、常に心に理想を描くこと。相手の気持ちになって考えてみること。落ち込んでいる人には励まし、勇気づけてやること。常に明瞭にはっきりした気持ちでいること。嫌いなことがあっても心は肯定的に受け止めることができること。これが人生を正しく生きる基本である」（中村天風）という。

また、なんらの作為をせずにあるがままに生きることを説いた老子は、水の性質を人の生き方に結びつけ「上善は水の如し」とし、理想的な生き方を水のあり方に学べという。その水には学ぶに足る三つの特徴がある。①しなやかに流れを変えるなど極めて柔軟であること。②人の嫌がる低いところへ流れていき、すこぶる謙虚である。③ものすごいエネルギーを秘めている。争いを好まずに謙虚で秘めたる力を持っていることが、理想的な生き方としてえがかれている。

八十八番大窪寺《おおくぼじ》はいよいよ最後の札所、つまり結願寺である。長尾寺から大窪寺までの距離は十三キロ。その途中には最後の難関である女体山《にょたいさん》越えが控えている。大窪寺に向かう途中、前川ダムの近くに「お遍路交流サロン」に立ち寄り、「遍路大使任命書」をいただいた。「貴方は四国八十八ヶ所歩き遍路約千二百キロを完歩され、四国の自然、文化、人とのふれあいを体験されたので、これを証するとともに、四国遍路文化を多くの人に広める遍路大使に任命いたします」とあった。因みに、平成十九年（二〇〇七）に任命された遍路大使は三〇六七名で、都道府県別にみると東京都が三〇六人と最も多くなっている。

この前川ダムを経て女体山越えのルートをたどる。緑が美しい来栖《くるす》渓谷を楽しみながら謙波休憩所から本格的な遍路道に入った。厳しい上りの遍路道を耐えて上って行くと太郎兵衛館跡に到着。案内版に「このあたりの地名を太郎兵衛といい、流れる川の名を太郎兵衛川という。その昔、

女体山山頂付近

山里を荒らした山猿を退治した猟師とも修験者ともいわれる」とあった。しばらく行くと女体山上り口には、「あと頂上まで千百三十八メートル」。さらに行くと「頂上まで七百九メートル、大窪寺まで二・一キロ」の標識があった。頂上近くは岩が露出し、鎖を伝って上った。標高七百九十三メートルの女体山の頂上に立つと眼下に讃岐平野、屋島、瀬戸内海がかすかに見渡せ、実にすばらしい景観で、苦労して上った甲斐があった。

前回は山頂の手前から右手の道を下りて間違った苦い経験があったので、今回は山頂の前方にある東屋《あづまや》をとおり過ぎてから大窪寺へと下って行った。その途中に大窪寺の「奥の院」があり、一・二キロの下り坂であった。境内に入ると正面にある本堂の本尊薬

師如来は、薬壺の代わりにほら貝を持っており、このほら貝で厄難諸病を吹き払うのだそうだ。

「山のあなたの空遠く、〝幸〟住むと人のいう。ああ、われひとと尋めゆきて涙さしぐみ帰りきぬ　山のあなたになお遠く　〝幸〟住むと人のいう」（カール・ブッセ）

我々人間は幸福とか生きがいを求めて生きている。しかし、必ずしも思うようにならない現実の中であれこれ試行錯誤をしながら生きている。この結願寺の大窪寺で「人間の幸福」とか「生きがい」について考えてみた。

まず、第一に幸福は自分の外にあるのではなく自分の心に宿っている。いたずらに幸福を「自分の外に求めようとすると幸福にはなれない」。幸福に客観的な、明確な基準は存在しない。自分を幸福と思う人が幸福な人である。自分自身を幸福と思わない人は決して幸福ではない。同じような生活をしていても、自分を幸福と思う人もいれば不幸だと思う人もいる。自分自身に与えられた幸福を発見することが大切なことである。

次に、幸福に生きるための原則は「自分だけではなくて相手の立場を考える」ということである。「自分のことのみを考え自分の利益のみを求めるものは幸福でありえない。自分が幸福になりたければ「人を喜ばせることをせよ」という。幸福は分かち合うように作られている。「利他の心」を持つことが幸福になるための条件といえそうだ。

第三に、自らの生活を楽しむことである。他人と比較すると羨ましさから自分の生活に不満の種を見いだすことになる。「他人と比較する」のではなく「人は人、自分は自分」と割り切って生活するのが幸福になるための秘訣かもしれない。病気の時に健康だった自分と比較するから病気がつらくなる。「比較する心」をやめてひたすらに「今」に徹して生きればよい。

そして最後に「幸福とは満足することにある」という。いま、自分の手にしているものの中にある喜びを積極的に見いだしていくようにする。「汝は手になきものをのぞみ、手にあるものを軽蔑する」といわれる。いまあるもので満足する生き方、多くを望まない生き方、物質的な豊かさよりも心の平安を選ぶ生き方が大事で、心が平安でなかったらどんなにぜいたくな暮らしも、どんなに多くの財宝を手に入れても決して幸福にはなれない。カール・ブッセの詩は幸福を「いまここに」ではなく「山のむこうに」求めても失望するだけだと説いているかのようである。

大窪寺は四国八十八ヶ所の最後のお寺、つまり結願寺である。多くのお遍路さん、とりわけ歩き遍路にとってはこの大窪寺にやってきた時、無事に打ち終えたという喜びと感慨で一杯になることであろう。その時ただ一つ言えることは多くのお遍路さんが「できればもう一度巡りたい」という想いにかられることである。春に来たものは秋に来てみたいというように。

四国遍路の特徴の一つは直線的ではなく、八十八番が終わればまた一番から回るというように環状（ループ）になっていることである。結願寺の大窪寺を巡ればそれで終わりということではない。そういう意味においてお遍路の旅の終わりは同時に新しい旅の始まりでもある。お遍路は出会いの旅、気づきの旅といわれるが、出会いも気づきも決して前回と同じではなく毎回が新しく、新鮮である。一度目、二度目、三度目と歩くたびに、違うさまざまな人生を味わうことができる。だから尽きることのないお遍路の旅を繰り返し続けることになるのだろう。

お遍路の魅力は尽きないので、健康が許す限り、これからも続けたいと思う。

【四国遍路地図】

瀬戸内海
香川県
徳島県
丸亀
高松
板東
徳島
小松島
日和佐
高知
室戸岬
雲辺寺山
剣山
1 霊山寺
2 極楽寺
3 金泉寺
4 大日寺
5 地蔵寺
6 安楽寺
7 十楽寺
8 熊谷寺
9 法輪寺
10 切幡寺
11 藤井寺
12 焼山寺
13 大日寺
14 常楽寺
15 国分寺
16 観音寺
17 井戸寺
18 恩山寺
19 立江寺
20 鶴林寺
21 太龍寺
22 平等寺
23 薬王寺
24 最御崎寺
25 津照寺
26 金剛頂寺
27 神峯寺
28 大日寺
29 国分寺
30 善楽寺
31 竹林寺
32 禅師峰寺
33 雪溪寺
64 前神寺
65 三角寺
66 雲辺寺
67 大興寺
68 神恵院
69 観音寺
70 本山寺
71 弥谷寺
72 曼荼羅寺
73 出釈迦寺
74 甲山寺
75 善通寺
76 金倉寺
77 道隆寺
78 郷照寺
79 天皇寺
80 国分寺
81 白峯寺
82 根香寺
83 一宮寺
84 屋島寺
85 八栗寺
86 志度寺
87 長尾寺
88 大窪寺
吉祥寺
結願
始
札

延命寺
南光坊
円明寺
53
54
55
今治
52
太山寺
56
泰山寺
松山
石手寺
51
栄福寺
57
繁多寺
50
仙遊寺
58
横峰寺
浄土寺
49
国分寺
59
60
62
西林寺
48
61
香園寺
愛媛県
47
八坂寺
石鎚山
大宝寺
44
46
浄瑠璃寺
43
45
明石寺
久万
岩屋寺
八幡浜
42
仏木寺
高知県
清滝寺
35
41
龍光寺
36
青龍寺
40
観自在寺
岩本寺
37
延光寺
39
38
金剛福寺
宿毛
足摺岬

【四国八十八ヶ所札所一覧】

番	寺名	宗派	本尊	住所	特色・霊跡等
阿波（徳島県）					
第一番	霊山寺	真言	釈迦如来	鳴戸市大麻町	大師堂で受戒後出発。遍路用具は当寺で揃う。
第二番	極楽寺	真言	阿弥陀如来	鳴門市大麻町	大師手植えの長命杉。「安産大師」とも。
第三番	金泉寺	真言	釈迦如来	板野郡板野町	黄金井の霊水。弁慶の力石。
第四番	大日寺	真言	大日如来	板野郡板野町	お遍路さんは山門の鐘をついて境内に入る。
第五番	地蔵寺	真言	地蔵菩薩	板野郡板野町	奥の院の五百羅漢は有名。
第六番	安楽寺	真言	薬師如来	板野郡上板町	宿坊に温泉がある。
第七番	十楽寺	真言	阿弥陀如来	阿波市土成	眼病に霊験あらたかなお地蔵さま。
第八番	熊谷寺	真言	千手観音	阿波市土成	近くの閼伽ヶ谷で大師が修行。
第九番	法輪寺	真言	釈迦如来	阿波市土成	御本尊は涅槃の釈迦像。
第十番	切幡寺	真言	千手観音	阿波市観音	三百三十段の急な階段。展望は雄大。
第十一番	藤井寺	臨済	薬師如来	吉野川市鴨島町	大師修行遺跡の八畳岩がある。
第十二番	焼山寺	真言	虚空蔵菩薩	名西郡神山町	山上の寺。杖杉庵が近くに。
第十三番	大日寺	真言	十一面観音	徳島市一宮町	奥の院の建治寺は役小角開創。
第十四番	常楽寺	真言	弥勒菩薩	徳島市国府町	養護施設「常楽園」がある。
第十五番	国分寺	曹洞	薬師如来	徳島市国府町	大師作の烏瑟沙摩明王像がある。
第十六番	観音寺	真言	千手観音	徳島市国府町	奉納の松葉杖、ひっそりした札所。
第十七番	井戸寺	真言	七仏薬師如来	徳島市国府町	面影の井戸。
第十八番	恩山寺	真言	薬師如来	小松島市田野町	もと女人禁制。十九番への「だらだら坂」。
第十九番	立江寺	真言	地蔵菩薩	小松島市立江町	阿波の関所寺。
第二十番	鶴林寺	真言	地蔵菩薩	勝浦郡勝浦町	「胸突き八丁」の急斜面。通称「お鶴さん」。
第二十一番	太龍寺	真言	虚空蔵菩薩	阿南市加茂町	「西の高野」といわれる大師修行の地。

第二十二番	平等寺	真言	薬師如来	阿南市新野町	足の不自由なお遍路さんが使った車やギブスが多数ある。
第二十三番	薬王寺	真言	薬師如来	海部郡日和佐町	厄除けの寺として知られる。
土佐（高知県）					
第二十四番	最御崎寺	真言	虚空蔵菩薩	室戸市室戸岬町	大師一夜建立の岩屋。
第二十五番	津照寺	真言	地蔵菩薩	室戸市室津	通称「楫取地蔵」。
第二十六番	金剛頂寺	真言	薬師如来	室戸市元乙	別名「くじら寺」。霊宝館がある。
第二十七番	神峯寺	真言	十一面観音	安芸郡安田町	土佐の関所寺。遍路道は急坂で難所。
第二十八番	大日寺	真言	大日如来	香美郡野市町	山中の静かな札所。近くに龍河洞。
第二十九番	国分寺	真言	千手観音	南国市国分	近くに紀貫之の屋敷跡。
第三十番	善楽寺	真言	阿弥陀如来	高知市一宮	もう一つの三十番「安楽寺」がある。
第三十一番	竹林寺	真言	文殊菩薩	高知市五台山	夢窓国師のつくった庭園。
第三十二番	禅師峰寺	真言	十一面観音	南国市十市	「船魂の観音」として漁民の信仰が篤い。
第三十三番	雪蹊寺	臨済	薬師如来	高知市長浜	宝物館に運慶・湛慶の仏像がある。
第三十四番	種間寺	真言	薬師如来	吾川郡春野町	「安産薬師」として信仰される。
第三十五番	清滝寺	真言	薬師如来	土佐市高岡町	奉納の松葉杖・ギブス多数。
第三十六番	青龍寺	真言	不動明王	土佐市宇佐町	船の絵馬が多数ある。
第三十七番	岩本寺	真言	不動明王など	高岡郡窪川町	伝説の岩本七不思議。
第三十八番	金剛福寺	真言	千手観音	土佐清水市足摺岬	近くに足摺岬。
第三十九番	延光寺	真言	薬師如来	宿毛市田町	目洗い井戸。赤亀の池。
伊予（愛媛県）					
第四十番	観自在寺	真言	薬師如来	南宇和郡愛南町	大師作の南無阿弥陀仏名号を刻んだ宝判。
第四十一番	龍光寺	真言	十一面観音	北宇和郡三間町	「三間のお稲荷さん」として知られる。
第四十二番	仏木寺	真言	大日如来	北宇和郡三間町	本尊は牛馬安全の守り仏として信仰される。
第四十三番	明石寺	天台寺門	千手観音	西予市宇和町	静寂な山地にあり、熊野修験の道場だった。

第四十四番	大宝寺	真言	十一面観音	上浮穴郡久万高原町	厄除け観音として信仰される。
第四十五番	岩屋寺	真言	不動明王	上浮穴郡久万高原町	奥の院の「迫割禅定」は難行苦行。一遍上人ゆかりの寺。
第四十六番	浄瑠璃寺	真言	薬師如来	松山市浄瑠璃町	庫裡は「横玄関様式」の珍しい建物。
第四十七番	八坂寺	真言	阿弥陀如来	松山市浄瑠璃町	近くに遍路の元祖・衛門三郎の八人の子供を埋葬した八塚あり。
第四十八番	西林寺	真言	十一面観音	松山市高井町	寺の西南には大師が水脈を発見した「杖の淵」がある。
第四十九番	浄土寺	真言	釈迦如来	松山市鷹子町	空也上人ゆかりの寺。
第五十番	繁多寺	真言	薬師如来	松山市畑寺町	一遍上人が学問修行したと伝えられる。
第五十一番	石手寺	真言	薬師如来	松山市石手	境内には国宝・重文の建物がならぶ。
第五十二番	太山寺	真言	十一面観音	松山市太山寺町	本堂は鎌倉期の豪壮な単層入母屋造り。
第五十三番	円明寺	真言	阿弥陀如来	松山市和気町	米国のスタール博士が銅板の納札を発見したことで有名。
第五十四番	延命寺	真言	不動明王	今治市阿方甲	嵯峨天皇の勅願により大師が再興。
第五十五番	南光坊	真言	大通智勝如来	今治市別宮町	市民いこいの寺。
第五十六番	泰山寺	真言	地蔵菩薩	今治市小泉	大師手植の「忘れじの松」。
第五十七番	栄福寺	真言	阿弥陀如来	今治市玉川町	大師堂には足の不自由なお遍路さんが使った車や松葉杖。
第五十八番	仙遊寺	真言	千手観音	今治市玉川町	境内からの瀬戸内海展望は絶景。
第五十九番	国分寺	真言律	薬師如来	今治市国分	宝物館には貴重な文化財が多数。
第六十番	横峰寺	真言	大日如来	西条市小松町	伊予の関所寺。「遍路ころがし」という最大の難所。
第六十一番	香園寺	真言	大日如来	西条市小松町	「子安の大師さん」で親しまれる。
第六十二番	宝寿寺	真言	十一面観音	西条市小松町	本尊は安産の観音様として信仰される。
第六十三番	吉祥寺	真言	毘沙門天	西条市氷見乙	成就石。マリア観音。
第六十四番	前神寺	真言	阿弥陀如来	西条市洲之内甲	もと石鉄権現の別当寺。石鎚山の東の遙拝所。
第六十五番	三角寺	真言	十一面観音	四国中央市金田町	本尊は子安観音として安産祈願で信仰あつい。
讃岐（香川県）					
第六十六番	雲辺寺	真言	千手観音	徳島県三好郡池田町	標高千メートルの山上の寺。雲海は絶景。ロープーウェイあり。

第六十七番	大興寺	真言	薬師如来	三豊市山本町	通称「小松尾寺」。大先達、中務茂兵衛の石標がある。
第六十八番	神恵院	真言	阿弥陀如来	観音寺市八幡町	次の六十九番観音寺と同じ境内にある。
第六十九番	観音寺	真言	聖観音菩薩	観音寺市八幡町	伽藍配置は奈良興福寺にならう。
第七十番	本山寺	真言	馬頭観音	三豊市豊中町	五重塔が立つ。本尊は馬主や調教師に信仰される。
第七十一番	弥谷寺	真言	千手観音	三豊市三野町	阿弥陀三尊磨崖仏。獅子の岩窟。
第七十二番	曼荼羅寺	真言	大日如来	善通寺市吉原町	西行法師ゆかりの寺。
第七十三番	出釈迦寺	真言	釈迦如来	善通寺市吉原町	大師捨身の浮彫石碑と捨身ヶ嶽禅定。
第七十四番	甲山寺	真言	薬師如来	善通寺市弘田町	満濃池修築完了の朝廷からの功労金で大師が堂塔建立。
第七十五番	善通寺	真言	薬師如来	善通寺市善通寺町	大師の誕生地。高野山・東寺と共に大師三大霊跡の一つ。
第七十六番	金倉寺	天台寺門	薬師如来	善通寺市金蔵寺町	境内に「乃木将軍妻返しの松」がある。
第七十七番	道隆寺	真言	薬師如来	仲多度郡多度津町	境内には諸国の観音像が立ち並ぶ。
第七十八番	郷照寺	時宗	阿弥陀如来	綾歌郡宇多津町	病気平癒の青面金剛と三猿をまつる庚申堂がある。
第七十九番	高照院	真言	十一面観音	坂出市西庄町	別称「天皇寺」。霊泉「八十八の泉」。
第八十番	国分寺	真言	千手観音	綾歌郡国分寺町	本尊は五・二メートルの四国一の大仏像。
第八十一番	白峰寺	真言	千手観音	坂出市青梅町	展望台もある歴史の宝庫。
第八十二番	根香寺	天台	千手観音	高松市中山町	三万三千三百三十体の小さな観音像がある。
第八十三番	一宮寺	真言	聖観音	高松市一宮町	行基の師、法相宗義淵の開基になる古刹。
第八十四番	屋島寺	真言	十一面観音	高松市屋島東町	鑑真和上開基の寺。宝物館に源平合戦の遺品。
第八十五番	八栗寺	真言	聖観音	高松市牟礼町	歓喜天参拝の人も多数。
第八十六番	志度寺	真言	十一面観音	さぬき市志度	「志度の観音さま」。海女の玉取り伝説で名高い。
第八十七番	長尾寺	天台	聖観音	さぬき市長尾西	静御前得度の寺。一月七日の「大会陽福奪い」は有名。
第八十八番	大窪寺	真言	薬師如来	さぬき市多和	兼割　結願寺。結願を感謝し金剛杖と菅笠を納める。

あとがき

たしかに戦後我が国は経済的な発展を遂げて物質的には豊かになった。しかも、わずか三十年から四十年という短期間に驚異的な経済成長を遂げた。そのスピードは世界的にみても歴史的にみても例がないほどの急激かつ早いものであった。

そのおかげで国民生活は物質的に豊かになり、格段に便利な社会になった。しかし、だからといって現代に生きる人々が人間的に豊かになり、ゆとりを持って暮らしているかといえば、必ずしもそうではない。人間は物質的なものというより、もっと精神的なもの、生きがいや充実感を求めているが、なかなか思うようにならないのが現状ではないだろうか。そういう意味において現代人の悩みや苦悩は、いかに物質文明が発達し、近代医学が発達したとしても解決しえない性質のものである。

こうした状況の中で、現在人の悩みや苦悩を解決したりヒントを与えたりするのは、もしかすると宗教の役割であるのかもしれない。たとえ究極的に解決できないとしても、少なくとも解決に向けてのヒントや方向性を示してくれるのかもしれないと思うようになってきた。

お遍路とは自然の中を「同行二人」つまり専ら一人で歩くことによって、豊かな自然、地域の人々そして自分との出会いがあり、いろいろなことに気づかせてくれる。世の中には論理や言葉では理解できないことが少なくない。その場合大事なことは自ら実践してつかみとる、感じとることである。お遍路を経験してはじめてお遍路の魅力が分かるように、何事も実践しないと分からないということにも気づかされた。そしてその出会いと気づきは、決して前回と同じではなく、毎回が新しく、新鮮なものである。歩き遍路の旅は、自分探しの旅であるばかりではなく人生を見つめる旅でもある。回を重ねるごとにお遍路の持つ広さ、深さ、すばらしさを感じさせられる。

本書は月刊誌「大法輪」に歩き遍路の旅で気づいたこと、学んだことなどを随筆として連載したものを元にしつつ、必要に応じて加筆修正したものである。

本書は大法輪閣の石原社長及び黒神編集長の多くの適時・適切な助言と激励がなければ日の目をみることができなかった。心からの感謝とお礼を申し上げたい。また本書を書くにあたって多くの先人の優れた見識を参考にさせていただいたことに対しても心から感謝したい。

仮に本書に誤りや不適切なところがあれば、その責任はひとえに筆者にあることはいうまでもない。本書がお遍路、とりわけ歩き遍路に関心のある人にとって少しでも役に立つところがあれば、うれしく思う。

武田　喜治

【主要参考文献】（五十音順）

① 新井　満『自由訳般若心経』朝日文庫
② 有馬頼底『力を抜いて生きる』講談社
③ アルフレート・ボーナー『同行二人の遍路』大法輪閣
④ 飯田史彦『生きがいの創造』ＰＨＰ文庫
⑤ 五木寛之『大河の一滴』幻冬舎文庫
⑥ 五木寛之『林住期』幻冬舎
⑦ 宇野千代『幸福を知る才能』海竜社
⑧ 遠藤周作『人生には何一つ無駄なものはない』朝日文庫
⑨ 神谷美恵子『生きがいについて』みすず書房
⑩ 月刊誌『大法輪』大法輪閣
⑪ 小林　司『「生きがい」とは何か』ＮＨＫブックス
⑫ 加賀乙彦『不幸な国の幸福論』集英社文庫
⑬ 斉藤茂太『満足できる人生のヒント』ＰＨＰ文庫
⑭ 斉藤茂太『いい出会いが豊かな人生を運んでくる』青春出版社
⑮ 酒井雄哉『一日一生』朝日新書
⑯ 酒井雄哉『今できることをやればいい』ＰＨＰ研究所
⑰ 坂村真民『詩集　念ずれば花開く』サンマーク出版
⑱『四国八十八か所を歩く』山と渓谷社
⑲ 瀬戸内寂聴『寂聴つれづれ』朝日新聞社

⑳瀬戸内寂聴『寂聴生きる知恵』集英社文庫
㉑セネカ『わが死生観』三笠書房
㉒辰濃和男『四国遍路』岩波新書
㉓辰濃和男『歩き遍路』海竜社
㉔中野孝次『足るを知る』朝日文庫
㉕名越康文『どうせ死ぬのになぜ生きる』PHP新書
㉖西端さかえ『四国八十八か所遍路記』大法輪閣
㉗原　二郎『モンテニュー『エセー』の魅力―』岩波新書
㉘ひろさちや『般若心経八十八講』新潮社
㉙松野宗純『心の座禅堂』PHP文庫
㉚宮崎建樹『四国遍路ひとり歩き同行二人』へんろみち保存会
㉛松原泰道『人生百年を生ききる』PHP文庫
㉜村上太胤『仏教のエッセンス般若心経』四季社
㉝村山　孚『論語一日一言』PHP文庫

武田喜治（たけだ　のぶはる）
1943年　奈良県生。大学卒業後、政府系金融機関に勤務し各地に転勤。四国在勤中に遍路に出会い、遍路を重ねる。
定年退職後、自由な時間を活かして「歩き遍路」を4回実践。
民事調停委員を歴任、東京歩き遍路交流会事務局長。
趣味：歩き遍路、囲碁、読書、旅行。
住所　〒167-0023　東京都杉並区上井草2-34-3
Eメール　nobuharutakeda@hotmail.com

カット作成・武田千佐子　主婦　趣味：水彩画、水泳

四国歩《しこくある》き遍路《へんろ》
――気づきと感謝の旅

平成27年7月10日 初版第1刷発行

著　者　武　田　喜　治
発行人　石　原　大　道
印刷・製本　三協美術印刷株式会社
発行所　有限会社　大　法　輪　閣
〒150-0011 東京都渋谷区東2-5-36 大泉ビル2F
TEL　(03) 5466-1401(代表)
振替　00130-8-19番
http://www.daihorin-kaku.com

ISBN978-4-8046-8206-8　C0015